こんなにやってきたのに
うまくいかない！

どんな子も

まちがいだらけの子育て

脳の「発達特性」に合わせるだけでグーンと伸びる

鈴木昭平
エジソン・アインシュタインスクール協会代表
子どもの未来支援機構理事長

篠浦伸禎
医学博士・脳神経外科医

コスモ21

カバーデザイン◆中村　聡
本文イラスト◆宮下やすこ

はじめに

9カ月、お腹の中で一緒に過ごし、ようやく会えた可愛いわが子。

とても可愛い。心の底から愛している。

それなのに、なぜか子育てがうまくいっていない気がする。


そんなふうに悩んでいるお母さんが増えています。

今、お母さんを取り囲む環境は、とてもシビアです。仕事をもっているお母さんも多く、限られた時間のなかで、仕事と育児と家事をやりくりしなければなりません。お勤めの仕事をもっていないお母さんでも、お母さん同士の人間関係に、何かと気を使っている方も多いことでしょう。

それに、核家族が当たり前になっているので、身近に育児の相談ができる相手は意外に多くありません。そうしたなかで、子育てがうまくいっていない気がしてしまうと、ネットで調べたりしますが、もっと行き詰まりを感じてしまうことも多いのです。結局、こんなにやっているのに、子育てがうまくいかないのは自分が悪いからだと自分を責めてしまうかもしれません。

これまでに6000件以上の発達障害を含めて子育て支援に取り組んできた私の結論は、

「お母さんの子育ての努力が足りないのではない。今、世間で正しいとされている教育方法にこそ、間違いがある」

ということです。同じ時間をかけても、正しい方法と間違った方法では、驚くほどの差が出てしまいます。子育てがうまくいかないと感じているとしたら、それはお母さんの違いではなく、子育ての方法の違いに理由があるのです。

ですから、正しい方法を学ぶことがとても大切なのです。

この本は、「子どもの脳の発達特性に合わせた家庭教育を行なうと、どんな子も伸びる」ということをテーマにしています。子どもによって、好き嫌い、できることとできないこと、親への反応の仕方などいろいろです。親はそんなわが子を見ながら、どう対応するのがいいのか、迷いながら育てています。

このとき、絶対に見失ってはいけないことがあります。それは、その子の脳の発達特性に合わせた子育てができているか、ということです。とくに、これまでの乳幼児教育では、このことが抜けていたため、子育てがうまくいかないと悩むお母さんが多かったのです。

子どもの脳の発達状況を的確に把握したうえで、子どもの脳の状況に合わせた子育てができていなかったのです。

現在は脳科学が進歩し、脳科学的アプローチで子どもを育てていくことができる時代になっています。私たちは、発達障害のある子どもたちに対して、その子育て方法を実践することにより、子どもたちの脳の発達を促す結果を数多く得ています。この結果は、どんな子どもの脳の発達にも当てはまります。

こんなにやっているのに子育てがうなくいかないと悩んでいるお母さんが実践することで、子どもの成長・発達に素晴らしい変化がもたらされることがわかってきています。

ここに2つのグラフがあります。一つは、私たちエジソン・アインシュタインスクール（ＥＥＳ）協会が２０１８年に親御さんたちと取り組んだ子どもたちの診断名分布です。もうひとつは、最初の面談時から4カ月ほどで、子どもの基礎能力が伸びた割合を示しています。

医師や教育者から、「脳の障害だから、もう治らない」と言われたにもかかわらず、脳科学的アプローチで子育てに取り組んだところ、子どもの成長に必要な脳の回路形成が進み、脳の伸び率は平均で24％もアップしていたのです。

２０１７年に、日本の脳神経外科の第一線で活躍されている篠浦伸禎先生との出会いがありました。篠浦先生は脳の覚醒下手術における世界的な権威ですが、私たちＥＥＳ協会の脳科学的なアプローチによる子育て方法に対して、それまで篠

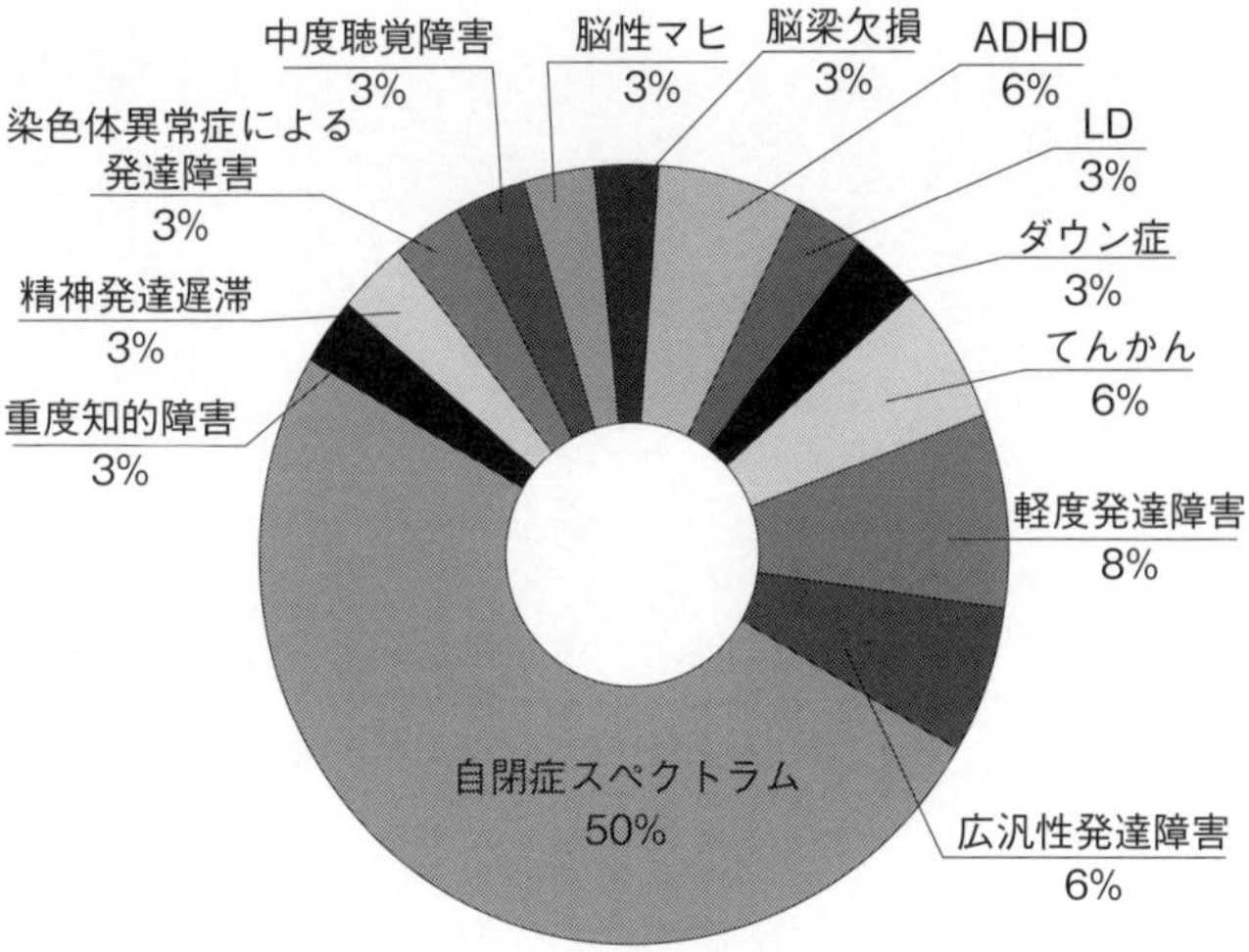
中度聴覚障害
3%
脳性マヒ
3%
脳梁欠損
3%
ADHD
6%
染色体異常症による
発達障害
3%
LD
3%
ダウン症
3%
精神発達遅滞
3%
てんかん
6%
重度知的障害
3%
軽度発達障害
8%
自閉症スペクトラム
50%
広汎性発達障害
6%

子どもたちの診断名分布

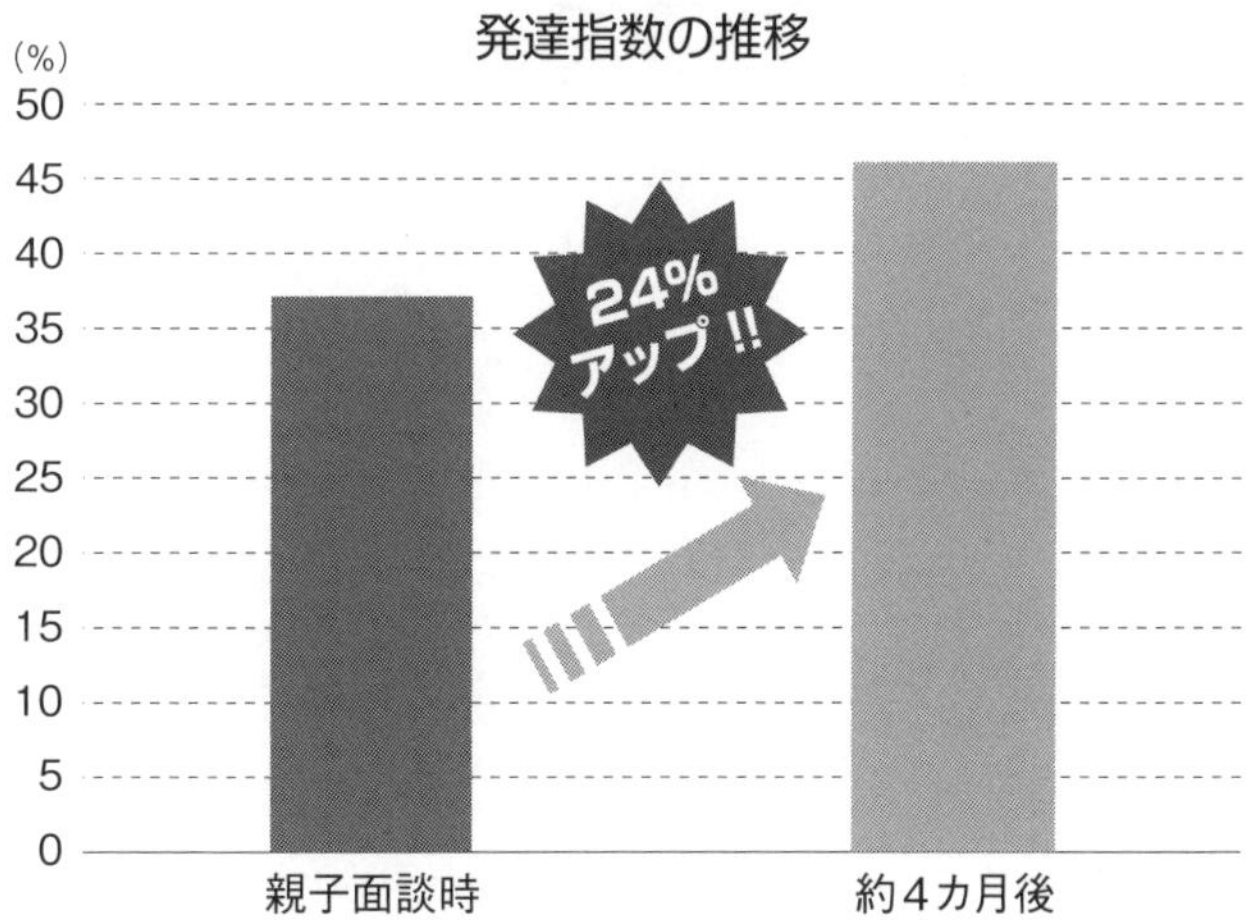
発達指数の推移
(%)
50
45
40
35
30
25
20
15
10
5
0
24%
アップ!!
親子面談時
約4カ月後

浦先生が得てきた脳科学的見地から助言をいただき、子育てメソッドはさらに進化を遂げています。

発達障害の有無にかかわらず、子どもたちは、繊細な感受性をもつ、デリケートで、親の愛情なしには生きていけない存在です。そんないたいけな子どもたちを育てるために、先人たちは何代にもわたって経験と知恵を蓄えてきました。現在はさらに、その経験と知恵に脳科学的な見地を取り入れることができます。

それによって、「どうやっても子育てがうまくいかない」と悩んでいる親御さんに、子どもの脳の発達特性に合わせた子育ての方法をお知らせし、子どもの未来を明るくするお手伝いができます。

さあ、最新の脳科学に基づく、新しい家庭教育の扉を開けてみましょう！

これまで子育てがうまくいかなかったことが、不思議なほどするすると解決する、そのためのヒントが見つかるはずです。

鈴木　昭平

まちがいだらけの子育て　どんな子も脳の
「発達特性」に合わせるだけでグーンと伸びる
……もくじ

1章 こんな親の対応が子どもの脳の成長・発達を妨げている

2章

10歳までの子育ては「脳を育てること」が中心

3章 教育の在り方を根本から見直す

6章

脳科学の先端情報を子育てに活かす時代が来た

1章

こんな親の対応が子どもの脳の成長・発達を妨げている

「この子、このままで大丈夫かな？」そんな悩みはありませんか？

（鈴木）

エジソン・アインシュタインスクール協会（以下、ＥＥＳ協会）には、日本全国の、ほんとうにたくさんのお母さんから毎日、電話がかかってきます。全員が、

「うちの子は、なんとなくほかの子とは違う気がする」

「うちの子は、なんだか育てにくい気がする」

「うちの子は、ちょっと成長が遅い気がする」

そんな悩みを抱えています。

そして、初めて電話をかけてくるお母さんのほとんど全員が、最後にとても思いつめた口調で、必ずこうおっしゃいます。

「うちの子、このままで大丈夫なのでしょうか？」

ＥＥＳの専任カウンセラーは、まずお母さんの話をじっくりと聞きます。どの

お母さんも、一所懸命に子育てをしているのに、どうしてだかわからないけれど、うまくいかないと話します。ときには、受話器の向こうで泣き出すお母さんもいます。でも、どのお母さんも、とてもがんばって、お子さんを育てています。どのお母さんも、わが子をとても愛しています。

だからこそ、お母さんは自分を責めてしまうのです。

「いけないとはわかっているのですが、つい、声を荒げてしまうんです」

「わたしの教育が悪いのでしょうか」

お母さんたちは、本当にみんな、毎日がんばっています。お母さんが、がんばっていないわけではないのです。だけど、たくさんの悩みがあって、うまくいかないことが続いていて、疲れてしまっています。

なぜ、うまくいかないのでしょうか？

それは、これまで当然だと思われてきた子育ての方法では結果が出にくいからです。「育てにくい子だから結果が出ない」と考えてしまうお母さんもいますが、ほとんどの場合は子育ての方法に問題があります。

「うちの子、ちょっと育てにくいな」

そう感じるのは、お母さんの努力が足りないからではないんです。努力の方向が、ちょっとずれていただけなのです。

ＥＥＳのメソッドは最新の脳科学を取り入れた子育て法ですが、その最大の特徴は、わが子の脳の発達特性を理解することができ、それに合わせた子育てができることです。お母さんの努力が確実に子どもの発達を促していきます。

ＥＥＳによく寄せられる親御さんの悩みを紹介しながら、このことをもっとわかりやすく説明しましょう。自分もそんなふうに感じているという悩みがあったら、きっとお役に立てるはずです。

☆……「この子、このままでちゃんと話せるようになるのかな？」

お母さんから寄せられる悩みで、いちばん多いのが「言葉が遅い」というものです。よく受けるご相談はこんな感じです。

「うちの子、もう3歳になったのに、まだ『あー』や『うー』といった音しか出てこないんです。ちゃんと話せるようになるんでしょうか？」

「単語だけでもしゃべってくれたら良いのですが、いつまで経っても、赤ちゃんがしゃべるような言葉しか出てきません」

「言葉が遅いと思っていましたが、ようやく単語が出るようになりました。でも、いつまで経っても単語を言うだけで、文になりません。このままでは小学校に行けないんじゃないかと心配です」

赤ちゃんの話す「あーあー」「うーうー」といった声をクーイングといい、その後に出てくる2つ以上の音がつらなる声を「喃語《なんご》」といいます。最初にお母さん

が、

「なんだかうちの子は、ちょっと成長が遅れているかもしれない」

と気づくのが、いつまで経っても喃語の段階から成長せず、言葉が出てこない場合です。

「この子は言葉が遅いだけ。この子の個性だから」

と思っているうちに、周囲の同じ月齢の子どもがどんどん複雑な言葉をしゃべるようになり、もしかしたらうちの子は、ちょっと成長が遅すぎるのかもしれない、と気づくケースが多いようです。

あるいは、お母さんやお父さんの両親（子どもにとっての祖父母）から、成長が遅すぎるんじゃないかと指摘されて、相談の電話をかけてくる方もいます。

言葉が出てきたので安心していたものの、それ以上複雑な会話に進まなくて、療育（発達支援）などに通ってはいるものの、小学校に就学する前に
「このままだと、どうやら普通学級には入れないかも」

と心配になって、最後のよすがとして電話をかけてこられるお母さんもいます。

じつは、こうした「なかなか言葉が出てこない」というお子さんの場合、ほかにも、月齢に見合う体の動かし方ができるようになっていない、極端な偏食でアレルギーや便秘があるなどの問題があることが多いのです。こうした問題は、言語面の発達の遅れと身体面や知覚面の発達の遅れがリンクして起こっているのですが、お母さんが言語の遅れにばかり気をとられていると、気づかないことも多いのです。

このことをお伝えすると、

「考えたこともなかった」

「言語と身体は別のことだと思っていた」

とおっしゃるお母さんはたくさんいます。

☆……「いつになったら、この子は親と意思の疎通ができるのかな?」

「何もしゃべってくれないうえに、突然、暴れ出したり、奇声をあげたりします。

どうしてそうなるのか、どうしたらいいのか、わからなくて困っています」

「ほとんど言葉で言うことがないので、子どもとうまく心が通わず辛いです」

言葉の問題に関連して、お子さんと意思の疎通が図れないことが辛い、と相談されるお母さんもたくさんいます。

お子さんがなかなか言葉を話せるようにならない。だから、子どもが何を伝えたいのか、気持ちがわからない。

突然、暴れ出したり、奇声をあげたり、唾を吐いたり、ときにはほかの子どもに噛み付いたりしてしまう。

どうしてそうするのか、母親としてどうしたら良いのかわからないと悩んでいるお母さんも少なくありません。

スーパーでお買い物中や、電車などの乗り物に乗っているときなど、まわりに構わず大声を出して暴れるので、とても肩身が狭い思いをする。

そんなとき、わが子とどう向き合ったらいいかわからなくなる、と悩みを打ち明けてくるお母さんもいます。

子どもがこうした「異常行動」をするのは、自分の不安や恐れ、不快感といった気持ちをうまく言葉にして伝えられずイライラしているからです。自分を表現する言葉を覚える余裕もなくなっています。

それにくわえて、お母さんまでもがそうした子どもと向き合うことに疲れてイライラしてしまうと、子どもはもっと「異常行動」をくり返すようになります。このようなサイクルのなかでたくさんのエネルギーを消耗してしまうため、言葉を覚えるエネルギーが失われてしまうのです。

異常行動の一つとして、子どもが唾を吐くことがあります。意外に気にかけていないお母さんもいますが、普通ではないと感じて相談をしてくるお母さんがけっこういます。これも、子どもが不安やストレス、不満を言葉で表現できないためにやっている場合が多いのです。大人やほかの子どもたちがおもしろがるのを見て、わざとやっている場合もありますが、そうでない場合もあるのです。

　こんなとき、どうしてそんなことをするのだろうとお母さんが不安になって、子どもに止めなさいと言うと、子どもはお母さんの不安な気持ちに反応してもっと不安になり、何度もくり返すようになることがあります。

　とくに小さい子どもの場合は、不安やストレス、不満のはけ口として誰かを噛むことがあります。この場合も、お母さんが不安になって反応すると、子どもはさらに不安になって噛むことを止めなくなります。

　もし子どもの行動がおかしいと思ったら、今が子どものことを知り、切り替えさせるチャンスだと思ってください。お母さんが不安になって慌ててしまうと、そのチャンスを失ってしまいます。


　お子さんが何か異常行動をしたときは、まず子どもをハグして、

「何があったの？」

と、子どもに気持ちを聞いてみましょう。

もちろん、はじめから自分の気持ちをうまく説明することはできないでしょうが、

「知らない人がたくさんいて、怖くなっちゃったんだね」

というように、子どもの気持ちをおしはかって代弁する言葉をお母さんがたくさん言ってあげてください。

そうしていると、子どもはしだいに自分の言葉で気持ちを表現する方法を覚えていきます。そのためのメソッドについては、後の章でくわしくご説明しますので、そちらをお読みください。

☆……**「がまんして座っていられないのに小学校でやっていけるのかな?」**

「うちの子は、他の子のようにがまんして座っていることができないんです」

「気に入らないことがあると、お友達のことをたたいてしまう」

「そもそも、この子は小学校で普通級に入れるのかな？」

お子さんの小学校就学が視野に入ったタイミングで、それまでの不安が一気にあふれて、電話をかけてくるお母さんがたくさんいます。

そうしたお母さんたちは、お子さんがほかの子どもに比べて何かできないことがあっても、最初のうちは、うちの子はちょっと個性が強いだけだと思っています。ところが、保育園や幼稚園、スイミングスクールや体操教室などの習い事で、先生たちから

「他の子どもたちとは、ちょっと違うところがありますよ」

と言われたことで、突然不安が頭をもたげてきます。

「どうして、うちの子はがまんしていられないのだろう？」

ほかの子たちはがまんできているのに、それができないのは、がまんのコントロールができていないからです。がまんをする回路が脳にまだ十分に形成されて

いないので、いくらがまんしなさいと言われても、本人は混乱するだけなのです。

そのことがわからず、お母さんが焦ってしまうと、ついつい叱りたくなってしまいます。でも、こうした子をいくら叱っても、がまんができるようにはなりません。まず、わが子の脳に、がまんのための回路を作ってあげることからはじめなければならないのです。

お友達をたたいてしまったり、おもちゃを取り上げてしまったりしたときは、

「たたいてはいけないよ」

「お友達にもおもちゃを貸してあげようね」

「お友達が持っているおもちゃを貸してほしいときは、『貸して』って言おうね」

と、一つひとつ子どもにわかるように語りかけることをくり返します。

そうすることで、子どもの脳にがまんの回路が出来てきます。どうしてもがまんできないようなときでも、自分の気持ちを表現する回路が出来てくると、落ち着きを取り戻しやすくなります。

子どもに、してはいけないことを覚えさせるには、いくつかの秘訣があります。たとえば、子どもは言葉だけでは十分にわからないことが多いので、寸劇をしたり、絵や写真などでシーンを見せてあげたりしながら説明すると、理解しやすくなります。

また、してはいけないことや危険な行為を注意するときは、大きい声を出したり、声を荒げたりする必要はありません。お母さんが慌てて怖い顔をしたり、大きい声を出したりしても、かえって逆効果になります。ときには、それをおもしろがり、わざとくり返すようになることもあります。どんどんエスカレートして手がつけられない状態になってしまうことすらあります（これは、ほかの問題行動でも同じです）。

慌てることなく、落ち着いた、毅然とした声で「いけません」と言うことも必要ですが、よくできたときは必ず、

「えらいね」

「よくできたね」

と声をかけて、その行動は良い行動なのだと印象付けてください。それによって、脳にがまんの回路がしっかり定着するようになります。

細かい対処法については、3章以降の随所に記していますので、ご参照ください。

☆……「この子、集団の中にうまく入れるのかな?」

「保育園で『○○ちゃんは、落ち着きがない』と言われました」

「幼稚園で、『お宅のお子さんには指示が通らない』と言われましたが、子どもってそんなものだろうと思っていたんです。でも、園の行事で、本当にうちの子が一人だけ違うことをしていたので、びっくりしました」

「療育に通所してみたら、先生の指示をまったく聞いていないので驚きました。どうしたらよいのでしょうか」


近ごろは、公園で遊ぶ子どもも少なくなってきましたし、お母さんも仕事をもっていて、同年齢の子どもたちのなかにいるわが子の様子を見る機会は少ないようです。そんなお母さんが、幼稚園や保育園の行事などの機会に、同じ月齢の子の様子と見比べて、初めて
「うちの子は様子が違う」

と認識することがよくあります。そこから、

「うちの子の発達は遅れているようだ。こんなに遅れていて、集団の中にうまく入れるのかな?」

と不安や悩みが膨らんできます。


同年齢・同月齢の子どもたちの集団ではなく、祖父母の家や、いろんな年代の知らない人たちがいる中に入ったときなどに、急に泣き叫んだり、暴れたりしてしまう子もいます。その様子を見て、初めてわが子の異変に気づき、

「うちの子は、これから集団の中に入っていけるのかしら？」
と不安が大きくなることもあります。

敏感なお子さんは、いつもと違う環境に対しては人一倍ストレス（不安）を感じます。そのストレスを上手に伝えることができなくて、激しく泣く、叫ぶ、奇声を上げる、暴れるといった行動になってしまうのです。

ところがお母さんがその原因に気づかないと、どうしてうちの子だけこうなのだろうとストレスを抱えてしまいます。敏感な子どもは、お母さんのそのようなストレスに反応しやすいですし、ますますお母さんが困ってしまう行動をとることも珍しくありません。

何か一つでも不安なことがあると、それがきっかけで
「うちの子は、この先どうなるのだろうか？」
と、先々のことまで不安がますます膨らんでいきます。

集団生活に必要な「がまん」がまだ身についていないとか、言葉がまだ出てき

ていないといった目の前のことにとらわれすぎると、今すべきことが見えなくなるという落とし穴に嵌《は》まりやすいのです。

どんな子どもも、自分の脳の発達特性に合わせて成長していきます。ほかの子と比べて発達がゆっくりに見えても、そのペースで必ず成長しています。大事なのは、まず、わが子をしっかり観察して、脳の発達特性を理解することです。そのうえで、すでにできていること、もう少しでできそうなこと、まだできていないことをくわしく知ることです。そして、今、伸ばせそうなところを伸ばすように働きかけるのです。そうしていると、お母さんの不安も解消されていきます。

子どもの発達のペースは、その子の脳の発達特性によって違っています。親は新幹線のぞみ号のように早く成長することを喜ぶ傾向がありますが、実際は各駅停車の鈍行列車のように成長していきます。ところが新幹線のように早く発達することにばかり目が行ってしまうと、わが子の発達が遅いのではないかと不安になりますし、そもそもわが子の成長がどの程度まで達しているのか、見えなくなります。

わが子は今、どの駅まで到達しているのか、終点の駅までいくつの駅があるのか、途中で飛ばしてしまった駅は無いか、そうしたことがわかるだけで、お母さんは安心して子どもと向き合い、脳の発達特性に合わせて子どもの成長を促すことができるようになります。

私たちEESでは、お母さんが、子どもの脳の発達特性を理解し、どこまで成長できているのか、どんな働きかけをすればいいのかをくわしく確認することができるメソッドを開発しています。くわしくは6章をお読みください。

☆……「お前の子育てが悪いと言われて、母親のわたしは、どうすればいいのかな?」

「『なに、若い子のようなことを言っているの?』と言われそうで、誰にも相談できない」

「夫（お父さん）に相談すると、『お前のしつけが悪いんだろう』と言われてしまう」

「子どもを叱ると、夫（お父さん）が嫌な顔をする」

「母親のわたしは、どうしたらよいのでしょうか？」

子どものことで悩んでいる方は、ものすごくたくさんいらっしゃいます。でも、その悩みを誰彼問わずに話すことはなかなかできません。

そんなお母さんのいちばんの悩みは、もしかしたら、一緒に悩んでくれるはずのお父さんに悩みを相談できないことかもしれません。

お母さんたちの相談を聞いていると、

「お前のしつけが悪いんだろう」

というお父さんは、とても多いのです。セミナーで私は
「お母さんの笑顔をつくるのが、お父さんの仕事ですよ」

とお話ししていますが、セミナーに両親揃っていらっしゃるようなご夫婦でも、いつもがんばっている奥さんが、たまに泣き言を言うと、

「そんなに辛いなら、無理に頑張るのは止めれば」

というお父さんもいるのです。

そしてお母さんが、

「夫婦で協力して取り組みなさいと、鈴木先生も言っているでしょ？」

と言い返そうものなら、

「俺は外で仕事して、お前が子育てに専念できるように稼いでいる。子育ては、お前の担当なんだから、お前がやれ」

と言われてしまうこともよくあるようです。

そういう悩みを聞くと、ＥＥＳのカウンセラーは、こんなふうにアドバイスを

したりします。

「お父さんとお母さんがただ仲良さそうにしていて、お子さんが言うことをよく聴いてあげる。たったそれだけで、お子さんはまっすぐ育つんですよ」

お父さんとお母さんがいがみあって相手の悪いところを責めると、お子さんは敏感にそのことを察して、ストレスを受けます。

お母さんには大変なことがたくさんあるでしょう。でも、夫婦でバトルをするくらいなら、お父さんには仕事だけをがんばってもらうのも一つの方法です。そんなときは、たとえばこんなふうに伝えてみてはいかがでしょうか。

「お父さんは、仕事のほうをお願いね。わたしはわたしで、できることをがんばるからね。

でも、ときには、お父さんに厳しいことを言ったり、家事が間に合わなかったりすることもあると思うの。そんなときは、わたしのやる気にブレーキをかけないでね。

バトルをしないで、ふたりでそれぞれの得意なところで連携して、子どもを伸ばしましょう」

お母さんはがんばっているんです。だけど、仕事のことで疲れていて、お母さんのがんばりをきちんとわかってあげられないお父さんが多いのも確かです。お母さんがすべてを背負ってしまい、孤立して思い悩んでいるケースは本当に多いと感じます。

そして、元気にがんばっているお母さんほど、何かがきっかけで、それまで張り詰めていた心がポキッと折れてしまうことがあります。きっかけは、お父さんにきつく言われたり、冷たいことや無神経なことを言われたり、「やめちゃえば」など投げやりなことを言われたりすることです。

お母さんは、自分のお腹の中で子どもを育て、産んでいるからこそ責任を強く感じ、そうした言葉をよけいに辛く受けとってしまうのです。なかには、がんばっていた心が折れてしまい、うつになってしまって、がんばりたくてもがんばれないお母さんもいます。

目の前の子どもの行動や状態を見て、表面的なコメントを言うことは、大人なら誰でもできることでしょう。実際、誰かに相談しても、結局はそうした表面的なコメントしか得られないことがほとんどです。

そうしたコメントは、その子の脳の発達特性について何の理解もなく発せられるものです。ですから、その子にとって適切なタイミングに合っていなかったり、その子と〝周波数〟が合っていなかったりします。

それでは、いくら子どもに働きかけてもほとんど効果は得られません。

そのことに気づかないことが問題なのに、お母さんは、

「自分のやり方が悪いから伸びない」

と自信をなくし、ますますマイナス思考になってしまいます。

2章以降で、子どもの脳の発達特性を知る方法、それに合わせて成長を促す方法をお話ししていきます。その子に合った子育てをすれば、お母さんの「わたしはどうしたらよいのでしょう?」という悩みはきっと軽くなるはずです。

☆……「つい子どもを叱ってしまう、こんなわたしは母親失格じゃないかな？」

「子どもがわたしの言うことをなかなか聞いてくれません。それで、つい、言うことを聞かせるために叱ってしまいます」

「ほかの子と比べてできないことがあると、焦ってしまいます。なかなかできないと、つい、声を荒げてしまうんです」

「子どもを叱ってから、母親失格だと思って、落ち込んでしまいます」

子どもがお母さんの言うことをなかなか聞いてくれないのは、お母さんの言っている内容をよく呑み込めないからです。いくら叱っても、お母さんが伝えたいことはよくわかりませんし、どうして叱られているのかもわからないので、大きなストレスになってしまいます。

「これは、してはいけないよ」

と叱ってやめさせたとしても、いけないことであると理解できていなければ、自分の意思が通らないことに不満を感じて、泣き叫んだり、暴れたりします。時間も場所も構わずやられると、お母さんはますますやめさせようと声を荒げてしまいます。

ときには、近くに住んでいる人たちが、虐待を疑って児童相談所や警察に連絡することもあります。

EESのカウンセラーに相談の電話をかけてくるお母さんのなかにも、警察や児童相談所の職員の訪問を受けて肩身の狭い思いをしたことがあると言われる方はけっこういます。

なかには、子どもが言うことを聞かないのは、「親の躾が悪い」と一方的に決めつける人もいます。

たとえば、スーパーや電車の中で、

「母親のくせに、自分の子どもを静かにさせられないのか」

などと、あからさまに嫌味を言ったり、注意をしたりする人もいます。

わが子のことを愛していて、必ずよくなると信じていながらも、ほかの子の成長を見ていると、つい比べてしまうのは、どんな親にもあることでしょう。ときには、やっかみに似た気持ちが大きくなって、その気持ちを子どもにぶつけてしまうこともあります。

あるいは、自分に厳しくがんばってきたお母さんは、わが子にもそれを期待するあまり、「これでは社会に受け入れてもらえない」と感じて、イライラした気持ちを子どもにぶつけてしまうこともあります。

しかも、たいていは、あとで冷静になったとき自己嫌悪に陥ってしまうのです。お母さんたちは、皆、そうした辛い思いをしています。

とくに10歳頃までは、褒められて自己肯定感を持たなければならない時期です。けれども、お母さんたちに余裕がなくなっていると、子どもに

「この前も言ったでしょ」

などと怒ってしまいます。

そのお母さんの言葉で子どもが泣いたり、もっと悪態をついたりすると、「ああ、この対応は間違ったんだな」と気づきますが、余裕がないときほど、「失敗しても、何回でもやり直せばいいんだよ」という発想がなかなか出てきません。

そのうち、本当はどうしたら良いのか、わからなくなってしまい、「わたしは、お母さん、失格だ……」と自分を責めることになります。

お母さんが悪いのではありません。子どもの脳の発達特性を理解して、それに合った子育ての方法がわからなかっただけなのです。これから本書で、それを学んでいきましょう。

☆……「悩みを誰にも相談できないわたしが変なのかな？」

実を言うと、電話をかけてこられるほとんどのお母さんが、

「悩みを相談できる人がいなかった」

とおっしゃいます。

今は、核家族が多くて、子育てについてもオープンに相談できない環境に置かれているお母さんが多くなっています。少し前までは、親戚や親しい友達、ご近所の方などが、様子を見ていて気づいたことを教えてくれましたが、今は子育ての環境がクローズになってしまい、ちょっとした悩みでも「こんなことを相談するのは恥ずかしい」という心理が働いてしまうようです。

仕事をもっているお母さんもたくさんいます。これまで自分の力でいろいろな困難を乗り越えてきたがんばり屋さんで責任感の強いお母さんほど、子育てについても自分を責めてしまいやすいところがあります。それで、お子さんが育てにくいのは、

「自分が子どもとの時間をとれていないから」

「自分の教育が悪いから」

「わたしのがんばりが足りないから」
と考えがちなのです。そうして自分を責めてしまうと、ますます立派に子育てをしているように見える周囲の人たちに相談するのが恥ずかしくなってしまうのでしょう。

仕事でキャリアのある高齢出産のお母さんで、何でもこなしてきたという思いが強い方ほど、子育てのイロハがわからないことに面食らってしまい、人一倍焦ってしまうことがあるようです。しかも、忙しくて周囲のお母さんたちとはなかなかママ友になれませんし、ほかの若いお母さんたちの中だと、「知らない」「教えて」とはなかなか言い出しにくいといいます。

それでなかなか適切な情報を得られずに、時間ばかりが経ってしまい、ますます相談できなくなってしまう。そんな状態で、EESメソッドのことを知って、藁にもすがるような思いで電話をかけてこられるお母さんもいます。

EESのカウンセラーは、どんなに小さな悩みでも、どんなに話しにくい悩み

でも傾聴します。そして、

「どんなお子さんでも、伸びますよ。安心してください」

と声をかけます。そこからカウンセリングが始まります。

「子どもの脳の発達特性を理解し、それに合わせて子育てをしていけば、どんな子も必ず伸びていきます」

と伝えながら、

「必ず改善すると信じてあげるところから始めましょう」

と話しています。

2章

10歳までの子育ては「脳を育てること」が中心

脳科学に基づいた子育てこそ子どもの未来を変える

（鈴木）

「脳科学」……よく聞くけれど、なんだかよくわからない。でも、なんだかすごい研究？　そんなイメージをお持ちの方も多いかもしれませんが、実際には、この分野の発展によって脳のことがかなりわかってきています。

脳は、人の体にも心にも大きな役割を担っている器官であることは言うまでもないことですが、20世紀にはまだ、神秘のベールに隠されていて、謎も多い器官でした。

ところが、近年の医学的な研究では、脳科学と脳神経学、精神医学の分野が手を結び、そこに生物学的な研究や社会学的な研究も加わって、脳の研究は飛躍的に進みました。その研究成果を紹介する書籍もたくさん出版されていますし、最近の例では、２０１６年にノーベル医学生理学賞を受賞された大隅良典先生の研究成果がわかりやすく紹介されています。

人の脳の重さは、成人でおよそ1400～1500グラムといわれています。一方、生まれてすぐの新生児の脳は300～400グラム。それが、わずか3歳までに1000グラムを超え、成人の8割以上にまで成長します。

つまり人の脳は、長い人生のなかで3歳までの短期間にもっとも飛躍的に成長をします。このことからも、子育てにおいて「脳育て」がきわめて重要なことがわかります。

ところが、これまではこのことがはっきりとわかっていなかったために、子育ての方法は主に児童心理学の研究に基づいていました。心理学というのは、心の働きからのアプローチですが、それだけでは子育てがうまくいかないことは、子育てに悩んでいるお母さんたちがあまりに多いことからも明らかです。

脳科学が進み、「脳育て」の重要性が理解されたことで、もっとも成長著しい子ども時代の脳の発達特性に合わせた子育てをすることこそ、子どもの可能性をもっとも伸ばせることが明らかになってきています。私たちエジソン・アインシュタインスクール協会（以下、ＥＥＳ協会）は以前から、

「脳科学に基づいた子育てや家庭教育こそが、もっとも子どもの特性を伸ばすことができる」

と考えて、脳科学的なアプローチを取り入れてきました。

それは、本書の共著者である脳神経外科医の篠浦伸禎先生との出会いによって、さらに優れた子育て方法に発展してきました。

篠浦先生は都立駒込病院の脳神経外科部長として、「覚醒下手術」という最先端レベルの手術を10年以上にわたって続けてこられています。くわしくは、篠浦先生からご執筆いただきますが、この手術を行なうことで、脳の各部分によって異なる機能が存在すること（機能局在）が明らかになってきたといいます。

EESメソッドによる子育て方法は、篠浦先生が明らかにされた脳の機能局在と照らし合わせても、非常に合理的であることが明らかになったのです。

世の中には、子育てに悩んでいるお母さんがたくさんいます。もっと子どもたちに優しく温かく接したいのに、一所懸命がんばっているのに、なぜかうまくいかないと、自分を責めているお母さんたちがたくさんいます。そんなお母さんに、私は声をかけたい。

「お母さんは十分、がんばっています。それなのに結果が出ないのは、これまで常識とされてきた子育て方法が古いだけなんです。お母さんは悪くない！

脳科学に基づく最新の子育て方法を実践すれば、それぞれの子どもの脳の発達特性に合わせて、ぐんぐん子どもを伸ばすことができるんです！」

お母さんたちがこんなにがんばっているのに結果が出ないとしたら、それはお母さんが悪いのではありません。子育て方法を変えるだけでいいのです。

今こそ、古い子育て方法を捨てて、脳科学に基づく子育て方法に切り替えていきましょう！

脳科学的アプローチで発達障害児は改善する

（以下は篠浦）

私は、10年以上にわたって「覚醒下手術」を実施してきました。これは、患者さんの意識がある状態で、私（医師）と患者さんが会話をしながら行なう脳外科手術です。

脳細胞は痛みを感じないので、意識があっても患者さんは苦痛がありません。そのため、この手術には、手術中の異変に対しても、すぐに確認・対応ができ、患者さんの自然治癒力を引き出せるという特徴があります。

私は、この覚醒下手術の事例を重ねるうちに、患者さんの反応から、脳のどの部位が、どのような機能を司っているのかが臨床的にわかってきました。これを「脳の機能局在」といいますが、このことに熟知することは、脳の病気の原因を知るうえでもとても有効です。病気の特徴と、脳の部位の機能を照らし合わせて、鍵となる部位に何が起こっているのかを医学的に推理することにより、病気の原因を突き止め、治療を進めるための大切なヒントを得ることができるからです。

じつは、この手法は、子どもの脳の発達特性を知るのにも大いに役立ちます。

たとえば、いわゆる「発達障害児」についてですと、その様子と脳の機能を照らし合わせて考えることにより、脳のどの部位に何が起きているのかを知ることができます。それによって、子どもの発達状態を改善する最善の方法を考えることができるようになるのです。

その結果、発達障害とは、脳の機能のどこかで異変が起きている状態だということがわかってきたのです。このことは非常に大切です。実際にどのような異変が起きているのかは、本書の中で順を追ってくわしくお話ししていきたいと思います。

現在、発達障害に対して、日本の教育や医療の現場には「発達障害は改善しない」という立場がありますし、場合によっては薬を処方することで解決しようという考え方もあります。しかし、これは脳の機能を正常化しようというアプローチではありません。発達障害は、薬では治らないからです。

一方で、ＥＥＳメソッドにより多くの発達障害児が改善しているのは、まぎれもない事実です。いったいなぜ、発達障害がこのメソッドで改善するのでしょうか。それは、このメソッドが発達障害の本質的な原因を改善する方法だからです。つまり、実際に子どもに起きていること（症状）と脳の該当部位の機能とを照らし合わせることによって、子どもの脳で起きていることを理解し、症状を改善することができるということです。

脳の成長過程に応じた子育てを

発達障害児に限らず、お母さんがどこか「育てにくい」と感じているときには、その子の脳の機能に異変が起きている可能性があります。というのも、6歳までの子どもの脳は恐るべきスピードで成長をしていて、ちょっとしたストレスなどが原因でその成長の一部が阻害されてしまうこともあるからです。

では、子どもの脳の成長過程に応じた子育てをするには、どのようにすればいいのでしょうか。私は次のように考えています。

簡単に説明しますと、脳は脳神経細胞（ニューロン）から構成されています。この神経細胞が他の細胞と違うのは、情報を受け取る突起（樹状突起）と情報を送り出す突起（軸索）をもっていて、お互いに電気信号をやり取りして情報を交換していることです。

この脳神経細胞のうち、軸索の末端は「シナプス」と呼ばれていて、その電気信号を伝える役割を果たしています。

実をいうと、脳神経細胞の数がいちばん多いのは4～5歳です。その時期をピークに、それ以降は、不必要な神経細胞は刈り込まれて（消滅して）減っていくのです。一方、脳神経細胞の末端にあるシナプスは10歳から急激に数を増やすといわれています。

子どもの成長を脳から考えますと、この4～5歳の時期にいかに脳神経細胞数を増やすかが大きく影響します。それには、周囲の人、とくにお母さんが愛情を注ぐことがとても重要なのです。反対に、虐待などのストレスがあると、脳の血流が落ち、脳神経細胞の数が減って、脳の一部の発達に遅れが生じるという例も報告されています。

4~5歳を過ぎると、不要な脳神経細胞は刈り込まれるとお話ししましたが、子育ても、それに対応した育て方が大切になります。生きていくうえで障害になる脳神経細胞、たとえばわがままにつながるような脳神経細胞を減らし、プラスになる脳神経細胞のみを残すように育てるのです。この時期に、愛情をたっぷりと注ぎながらも、がまんをする、人にやさしくするといった躾をしっかりすると、それに対応するように必要な脳神経細胞が形成されていきます。それは一生を幸せに生きるための土台になります。

じつは、江戸時代の武士の教育が、まさしくこうした教育でした。『四書五経』など人間の生き方を学ぶ学問を、素読で子どものときから教えていたのです。

ちなみに、10歳くらいからは、シナプスが増えて脳の回路がどんどん出来上がっていきます。この段階になったら、本人のもつ才能を伸ばすような教育をすればよいのではないか、と私は考えています。

参考までに出生前に遡《さかのぼ》ると、胎児の段階の子どもの脳の成長も重要です。最近、脳は電磁波で働いていることがわかってきています。両親が愛情をこめて胎児に語りかけたり、いい波動をもつ音楽を流したりすることは、胎児の脳と共鳴する有効な手段だと思われます。

「三つ子の魂百まで」は脳科学的に正しい

この「魂」とは、おそらく脳全体を動かしている波動の中心のことをいうのだろうと、私は考えています。それが脳のどこにあるかというと、覚醒下手術の経験から推測して、脳幹の一部である視床下部です。実際に覚醒中枢が視床下部にあることからも、視床下部が脳全体の機能、とりわけ脳全体を動かしている波動をコントロールしていると考えられるのです。

その波動のエネルギーが多いほど脳は活発に機能しますが、エネルギーの多い少ないは、おそらく脳の神経細胞がどんどん増加している4～5歳までに「どのような影響を周囲から受けたか」「周囲からどのような働きかけをされたか」に大きく関係しているのでしょう。

先人たちは、このことを直感的に知っていたので「三つ子の魂百まで」という諺が生まれたのではないかと私は推測しています。

おそらく、子どもがこの時期までに愛情を注がれるほど波動のエネルギー、魂のエネルギーがチャージされて、それが死ぬまで続きます。反対に、愛情に乏しいとそれだけエネルギー量も少なくなります。ですから、子どもにはできるかぎり愛情を注ぎましょうと、この諺は教えているのだと思います。

6歳から9歳は脳システムの移行期間

脳神経細胞の量的拡大が概ね終了したあとの6歳から9歳までは、脳システムの移行期間になります。この時期、おそらく脳はその後の成長過程に備えて取捨選択を行なうのだと推測されます。

多くの子どもは、6歳を過ぎると家庭を離れて学校など外に出ることが多くなります。その過程で、子どもの脳は家庭にいるときよりもはるかに多くて複雑な情報に対応することを求められるようになります。そのために、子どもの脳は周囲の情報に的確に反応できるように、脳神経細胞の量を増やす段階から、脳の質を高める段階に転換しはじめるのです。

そこでは、脳神経細胞の数は取捨選択されて減っていき、その空いたスペースを使って周囲の情報を適切に処理できる回路がつくられていくのだろうと推測できます。ノーベル医学生理学賞を受賞した大隅良典先生が提唱された「オートファジー」が、子どもの脳でも起きているわけです。

取捨選択により残る脳神経細胞は、周囲の環境に対して適切に働くもののみです。そして、必要な回路をつくるために、シナプスが神経細胞をつないでいきます。

6歳から9歳にかけて子どもの脳で起こるこのような現象を日本の歴史にたと

えると、６歳までは江戸時代の日本で、６歳以降は明治以降の日本のようなものです。

江戸時代は小さな町村が全国にたくさんあって、お互い交通の便があまりよくなく、産業を興すのには適していませんでした。それが、明治以降は少数の都会に機能が集約され、それらを縦横無尽に道路がつないで効率的に産業を発展させました。この、機能が集約した都会が脳神経細胞であり、都会を縦横無尽につなぐ道路がシナプスです。

これを似たようなことが、６～９歳の子どもの脳でも起こっていると考えられます。

扁桃体の異常な活性化が脳全体の発育を遅れさせる

脳には「戦闘時」に刺激を受ける部位と、「平和時」に刺激を受ける部位があります。

「戦闘時」とは、虐待などのストレスを受けたときのことをいいます。大雑把にいいますと、この「戦闘時」にストレスを受けやすい部位が海馬を含めた大脳辺縁系、下垂体、扁桃体で、「平和時」に刺激を受ける部位が大脳新皮質、帯状回、小脳です。

子どもの脳の発達を阻害する一因は、脳へのストレスにあると考えられます。とくに9歳ころまでにストレスを受け続けると、脳全体が通常に発育できず発達上に障害が起こるといえます。

そうなる原因は、「戦闘時」に働く大脳辺縁系の、とくに扁桃体が異常に活性化し、「平和時」に働く脳の発育が遅れることによって、脳全体が通常の発育ができないことにあると推測できます。

同じ理由で、ゲームばかりしている子どもの脳も「戦闘時」の状態に置かれるため、脳全体の発育に障害になると考えられます。

脳の部位と役割

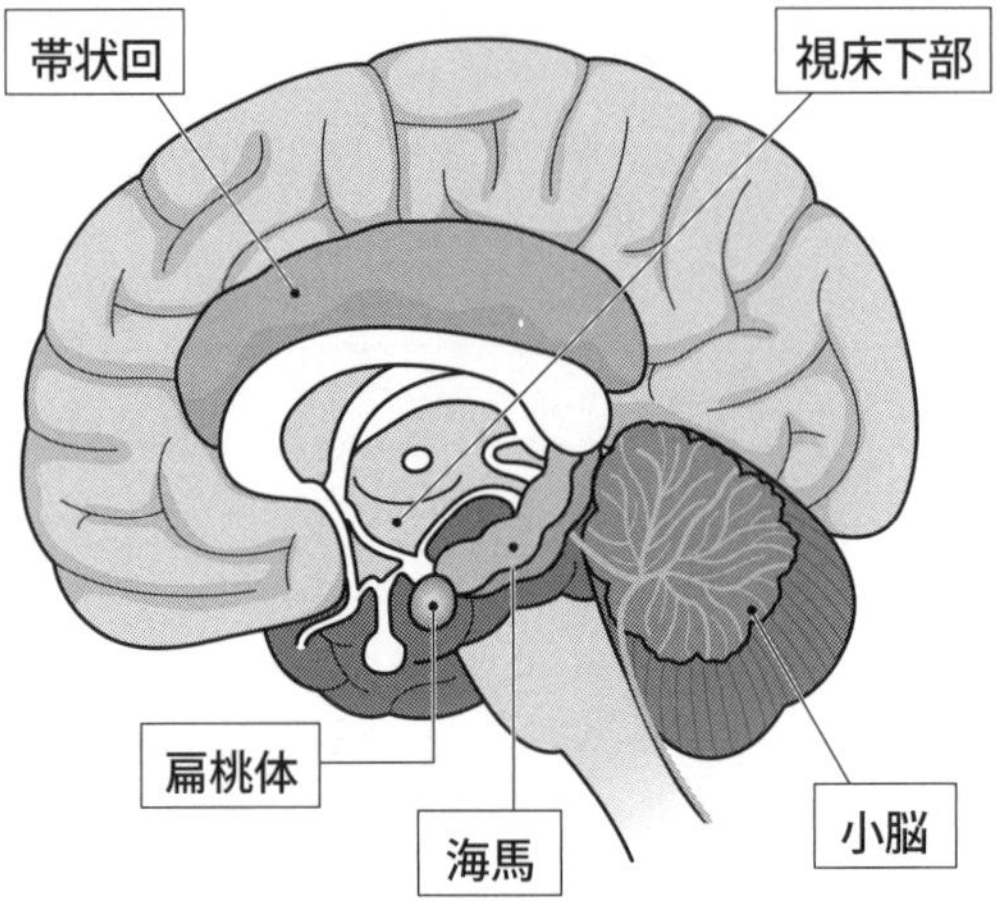

視床下部：自律神経の調節を行なう。体温、血圧などを調節するとともに、食欲、性欲、睡眠などの本能行動及び怒りや不安といった情動行動を調節する。

扁 桃 体：情動の処理に深く関わる。快不快、好き嫌いといった感情を海馬に伝える。また、人の顔を区別する、表情を読み取るといった社会性にも大きく関わる。

帯 状 回：脳全体の司令塔。自我と強く関係する。集中力や気づき、洞察力も帯状回の働きによるもの。呼吸器の調整や情動、認知、空間認知、記憶などにも関わる。

小　　脳：知覚と運動機能の統合。運動が円滑に行なわれるように制御する。「体で覚える」というのは小脳の記憶。

海　　馬：記憶の中枢。五感で感じた刺激はすべて海馬に届けられ保存される。海馬を活性化させることで学習能力アップにつながる。

脳の成長と、左脳・右脳の役割

今では多くの人が、左脳と右脳の役割について、おおまかに把握していることと思います。

広く知られているように、左脳が言語などの知識、右脳が人間関係に関わっており、とくに重要な幸福感は、右脳が担っていることが脳科学的にわかっています。

ところが、現代日本の教育は、極端に左脳に偏った教育であり、多くの子どもは本当の意味で、幸福感のある人間関係を周囲の友人と築けずにいます。これは子どもにとって、とても不幸な状況だと感じています。

もちろん、受験などの競争に勝つために左脳も大事ですが、幸福感のある人生を送るためには、右脳をより主体にした教育こそが重要なのではないでしょうか。

それには、周囲の仲間と良い人間関係を築き、一生幸せに生きていける人間学を教えることです。たとえば『論語』のような人間学を学び、それを実践できる教育を確立することが、子どもの脳を健全に発育させるために、これからますます重要になると、私は感じています。

私は「脳タイプ診断表」を開発し、誰でも自分の脳の使い方を診断できるようにしています。大きくは右脳型と左脳型に分け、それぞれをさらに2つのタイプに分けて全体を4タイプに分類しています。

くわしくは後の章でお話ししますが、最近はどうも左脳型のお母さんが増えているようです。しかも、子育てで生じる悩みの多くは、左脳的に子どもに接していることが深く関係していると思われます。

お母さんがご自身の脳タイプを知ることは、子育ての大きな助けになるにちがいありません。

3章

教育の在り方を根本から見直す

学校教育が始まってからでは遅すぎる

（鈴木）

発達障害とまでは診断されていないものの、どこか育てにくいところがある子どもたち。その原因は、脳の部位のちょっとしたトラブルにあり、脳がバランスよく発達していないから、というのがＥＥＳの考え方です。それが脳科学的にも説明できることは、２章で篠浦先生が解説してくださったとおりです。

そうした状態を改善するためには、小学校入学までの期間に、家庭教育で子どもたちの発達をサポートすることが大切です。それは、とくに次の２つの理由からです。

まず、２章の篠浦先生の解説のとおり、子どもの脳は小学校入学前の６歳ごろまでに劇的に成長します。ですから、子どもの脳の発達特性を理解して子育てに取り組み始めるのが早ければ早いほど、子ども本来の発達を促しやすいのです。脳は幼いほど、変わる可能性が高いのです。これがひとつめの理由です。

もうひとつの理由は、この期間の子どもたちは、ストレス型の学校教育を受ける以前の状態にあるということです。

ストレスをかけて脳に刺激を与えようとすると、「戦闘時」に働く脳の部分ばかりが活性化して、「平和時」に働く脳の発育が遅れ、脳全体の生育のバランスが偏ってしまいます。

また、脳にストレスが過剰にかかると、脳のさまざまな部位の血流が悪くなり、機能が落ちてしまいます。その状態が続くと、脳神経細胞が萎縮して元に戻らなくなります。

残念ながら、保育園や幼稚園、療育などでは、一人ひとりの子どもの脳の発達特性に合わせた育て方はしてくれません。親がその重要性を理解し、家庭で子育てに取り組むしかないのです。EESメソッドによる教育は、そのような家庭での正しい子育てを応援するために開発されたものです。

2章で篠浦先生が述べているとおり、就学前までの期間に、子どもの脳は使わない機能がどんどん刈り込まれ、使われる部分がどんどん伸びていくようになっています。ですから、学校教育が始まるまで待っていては遅いのです。家庭における子育てを通して、子どもたちが将来、自立して生きるために必要とする脳の機能が刈り込まれないように、そうした脳の機能が伸びるように子どもに働きかけることが大切なのです。

エジソンが「世界の発明王」になる基礎は家庭でつくられた（鈴木）

皆さんは、エジソンをご存知ですか？　そう、世界の発明王といわれたトーマス・アルバ・エジソン（1847〜1931年）です。知らない方は、ほとんどいないでしょう。

偉人伝で知るエジソンは、電話機、蓄音機、映画の撮影機と映写機、白熱電球など数えきれないほどの発明をした人物です。でも幼少期のエジソンは、「育てにくい子」だったらしい、ということはご存知でしたか？

なにしろ、小学校は入学してわずか3カ月で退学しています。その理由は、究極の知りたがり屋だったから。教師が「1＋1＝2」を教えても、「なぜ?」を連発して、困らせたといいます。その結果、教師から「君の頭は腐っている」と言われ、校長先生からは「ほかの生徒たちの迷惑になる」と中退を迫られました。

エジソンは、学校教育の側から見ると「育てにくい子」だったのです。そんなエジソンが1300以上の特許を得る大発明家になれたのは、じつは家庭教育でその天才性を養ったからです。エジソンを天才発明家に育て上げたのは、彼のお母さんだったのです。

小学校を中退したエジソンは、家庭教育で学びました。彼のお母さんは、エジソンがとくに興味の強かった科学分野をはじめ、興味をもったことはドンドン学ばせました。実験に失敗して納屋を全焼させる大失敗もしましたが、エジソンもお母さんも、失敗にはめげませんでした。

少年になったエジソンは発明に興味を持つようになり、16歳のころから少年電信技士として活躍しながら、発明に精を出します。やがては、アメリカを代表する大企業、ゼネラル・エレクトリックの前身となるエジソン・ゼネラル・エレクトリックを設立し、発電から送電に至る工程に携わる電力販売事業を行ないました。

エジソンは、彼の脳の発達特性に合わせた家庭教育を受けることによって、将来「世界の発明王」になるために必要な基礎能力を身につけたのです。このことについて、篠浦先生は脳科学の立場から次のように説明されています。

「エジソンは発達障害児（物に強くこだわりやすい性質が見てとれるので、おそらくアスペルガーでしょう）だったので、画一的な教育をする学校に馴染むことは難しかったのでしょう。

一方、彼のことを深く理解していた母親は、彼の『物にこだわりやすい』という、一見短所にみえる特性を認めながら育てたのでしょう。それが、エジソンが自分に自信をもつことにつながっていったのだと思われます。

エジソンが母親の愛情の元で、じっくり時間をかけて一つひとつのことに取り組んだことで、彼の脳は天才性を発揮するようになったのでしょう。

学校では短所と受け取られたエジソンの性質は、家庭教育で、むしろ『物に根気よくこだわって取り組み、成果を出す』という長所として伸びていったのです」

エジソン・アインシュタインスクール協会の名前は、このエジソンと、「20世紀最大の物理学者」アルベルト・アインシュタイン（1879〜1955年）に由来しています。

アインシュタインもまた、発達障害児だったといわれています。言葉を話し出したのが遅く、5歳まではほとんど言葉を発しなかったそうで、就学してからも言語に関する科目は不得意でした。

ところが9歳のときに、「ピタゴラスの定理」に関心を持ち、自分で証明するという傑出した一面がすでに表われ、数学と物理は非常に優秀で学年最高点を取るほどでした。ところが、不得意科目の成績はまったく振るわず、受験にも失敗したそうです。

私は、一般に「発達障害児」と呼ばれる子どもは、脳の発達特性がほかの子どもと少し違っているだけだと捉えています。エジソンやアインシュタインのように、学校教育の枠に収まりきれなくても、篠浦先生がおっしゃるように、それをその子の長所として捉えれば、天才性を発揮する可能性を秘めているのです。

その長所を伸ばすためには、脳の発達特性に合わせて、じっくりと働きかけることが必要です。画一的な詰め込み式の学校教育には、その視点が欠けています。

（鈴木）

脳科学に基づいた「教育の再定義」が必要

歴史を振り返ると、それまでの常識を180度覆すような発見により、物事が劇的に転換された例は非常に多いものです。それは、教育においても同じだと私は考えています。

現在の日本の学校教育は、明治維新の際に、富国強兵を目的に整備されたものがもとになっています。それは画一的な教育ですから、その枠から外れてしまう子どもへの配慮がありません。また、義務教育期間の9年間になるべく学習成果を上げなければならないので、詰め込み型の教育が行なわれます。

今の教育も、基本的な性質は変わっていません。しかし、これは繊細な感性をもつ子どもにとっては非常にストレスフルです。ストレスがかかると人の脳は、アドレナリンが出て興奮し、学習に集中できない状態になります。

日本では長年、脳の働きがわからないまま教育が行なわれてきました。というより、脳科学的に学習効果が得られる教育とは真逆のことを行なってきたのです。それが、子どもの脳にどういう影響を与えているのかわからないまま、いまだに続けられています。

今は、新生児の脳がどのようにして大人の脳へと育っていくのか、かなり明らかになってきていますし、脳の各部位がどのような機能を持っているかについても研究が進んでいます。

いうまでもなく、脳は教育に直結した器官です。それならば、最新の脳科学の成果を礎《いしずえ》にして教育の再定義を行なうべきです。ところが、日本の学校教育では、授業にパソコンを取り入れたり、小学生から英語を学ばせたりすることには熱心でも、脳科学に基づいた教育の再定義を行なう気運はいまだありません。

それを待っている間に、わが子の脳は育つチャンスを失っていきます。でも、子どもの脳の発達特性に合わせた教育を行なえる場があります。それこそ、家庭教育です。子どもの成長を願う親が、子育てに脳科学的なアプローチを取り入れればいいのです。ＥＥＳメソッドはそれを支援するために開発されたのです。

このメソッドは、その後、篠浦先生のご協力を得て、最新の脳神経科学的な視点からさらに発展しています。

そのいちばんの特徴は、子どもが将来社会で生きていくために必要な脳の回路をつくることができることです。それによって、現在はどんなに「育てにくい」と感じられる子どもでも、やがては社会で活躍できる子どもに育っていきます。

（鈴木）

子どもの脳は「楽しさ」で育つ

子どもが社会で生きていくための基礎能力を身につけることにより、脳の中に「楽しくがまんする回路」、「やればできるという自信の回路」、「楽しくあいさつする回路」、「相手の立場で考える思いやりの回路」がつくられていきます。自分の感情をコントロールしたり、意識をコントロールしたり、ストレスをコントロールすることもできるようになります（くわしくは4章で説明します）。

それによって、子どもは集団のなかに溶け込むことができるようになります。基礎能力を身につけるのにいちばん適しているのは、幼児期、それも脳神経細胞の刈り込みが行なわれる前です。この時期の子どもは難しい言葉はよくわからないので、楽しさを通じて体感させ、スモールステップで小さな目的を達成させながら、自然に身につけさせるようにします。

たとえば、折り紙を子どもに教えるとき、大人は、教えたとおりに角をしっかり合わせて折れることだけを目標にしてしまいがちです。でも、子どもにとっての折り紙とは、手本どおりに形を作り上げる以外にも、手先の器用さを養ったり、不思議に思う心を養ったりするためのものでもあります。

それには、まずは子どもが

「折り紙って楽しい！」

と思うことが大事です。たとえ「折り紙で形を作る」ことはできても、楽しいと感じていなければ、いろんなことを学ぶチャンスを失ってしまいます。折り紙は楽しいと感じながら取り組んでいるうち、なにか一つでも学ぶことができていれば成功なのです。

たとえば折り紙の折り方の手本を見せるとき、パッパッパッとスムーズに折って見せるのではなく、少しずつ折り進めてみます。

「四角い紙を、これから変身させるよ」

「何ができるのかな？」

「ここを折ったらどうなるのかな？」

と話しかけながら、じわじわと形が変わっていく様子を見せます。そのなかで、待つ力（がまん）、期待する力、わくわくどきどきする心が育ちます。

その体験が楽しくて気に入ると、子どもは、

「もう一回やって！」

とせがんできますから、再び折って見せます。子どもは結果を知っていますが、その過程も楽しいので、一足飛びに結果（出来上がり）を求めません。そのほうが、ワクワクしながら待ったり、ドキドキしながら期待心をふくらませることができるからです。

そんな様子を見ながら、そろそろかなと思ったら折り方を説明して手本を見せます。それまでに楽しみながら、がまんすること、期待することで説明を聞く準備ができてきているので、集中を切らすことはありません。

大人は「折り紙を完成する」という目標にばかり目がいきますので、手本どおりに折れるかどうかに注目してしまいます。目標に到達しなければ、ダメじゃな

いかと思ってしまいます。でも、子どもが折り紙を楽しむことに目線を合わせているど、折り紙を通じていろんなことを身につけていることに気づきます。

楽しく学ぶということは、自信をつけることにもつながります。たとえ手先がまだあまり器用に使えなくて途中をやってあげた場合でも、最後の仕上げは子ども自身に体験させるようにします。すると、自分の手で出来上がる瞬間に関わることができるので、楽しく感じますし、小さな達成感を味わうことができて自信につながります。終わったところで、

「ついにできあがったね」

「上手にできたね」

「次は何を作ろうか？」

などと声をかけると、もっと自信がつきます。

最初から子どもに全部やらせようとして、途中で

「難しいからできない」

と投げ出したとき、残りを大人が完成させたらどうなるでしょうか。子どもには、

「難しくて楽しくなかった」

「途中で投げ出した」

という気持ちが残ってしまいます。さらに、大人が子どもにかけてやる言葉もなくなってしまいます。


片付けなども同じです。まず、片付けとは「10個出ているものを、10個全部しまうこと」と思い込んでいるお母さんは、10個全部しまうことを最初から目標にしようと考えてしまいやすいのです。そうすると、子どもが3個しまってやめてしまったとき、お母さんは7個片付けられなかったことに関心がいってしまいます。


もし、まず9個お母さんがしまって、最後の1個を子どもがしまったとしたら、子どももお母さんも、「ちゃんと片付けられた」と感じます。最初は、お母さんがやってみせて、最後を子どもにやらせることで、

「片付いてきれいになったね！　きもちがいいね！」

と、子どもを褒めて、楽しく片付けを終えることができます。子どもも、自分の手で最後の1個をしまったので、
「最後までしまうことが、片付けるということなんだな」
とわかりますし、ほめられたので、片付けが楽しくなります。自信にもなります。

目標が達成できない部分を見るのではなく、何か一つでも子どもができていることを見ることで、スモールステップであっても子どもにできることが確実に増えていることに気づくことができます。その積み重ねによって、もっと子どもができることが増えていく可能性、つまり伸びしろが膨らんでいきます。

ほかの子はできているのに、うちの子はできていないということに目を奪われると、すでにできていることがあるのに、なかなか気づきにくくなります。子どもが楽しく学ぶチャンスも奪ってしまいます。

お母さんが、どんなに小さなことでも「楽しいね」と言いながら、子どもと一緒に楽しくやってみることが家庭教育において、とても大切なことなのです。

ストレス型の教育を家庭に持ち込まない

（鈴木）

家庭教育の最大のメリットは、ストレス型の教育を持ち込まなくて済むということです。つまり、学校教育のデメリットを排除した教育ができるということなのです。

この本を初めて読むお母さんは、まだ、最新の脳科学に基づく教育のプロではありませんから、自分が子どものときに受けた教育を種にして、自分の子どもを育てていることでしょう。しかし、これまでにお母さんたちが受けて育ってきた教育は、古いタイプのストレス型の教育です。だから、その教育は、いったん、家庭の外へ追い出してしまいましょう。

たとえば、子どもに「もう少しがまんしなさい」といくら言って叱っても、急にできるようにはなりません。それどころか、子どもの脳はストレスを感じるだけです。

前項で、楽しく、ワクワクしながら待つことを教えると、自然にがまんが身につくとお話ししましたが、こうした学習の積み重ねで、子どもはがまんを覚えていくのです。

そもそも、子どもは何ががまんすることなのか、よくわかっていません。ですから、何度「がまんしなさい」と言っても伝わりません。じつは、がまんの本質は「待つ」ことです。少しでもいいので待つことができたときは、

「ちゃんとがまんできているね」

「がまんできてえらいね」

と言葉をかけてあげてください。そうすると、待つことががまんであると覚えていきます。つまり、子どもの脳の中にがまんの回路が作られていくのです。

ですから、お母さんとしては、がまんをさせようと思うよりも、子どもの脳の中にがまんの回路を作ろうと思ったほうが、子育てに余裕が出てきます。

残念ながら、こうした子育ては、周囲の先輩ママたちからはなかなか教えてもらえないかもしれません。先輩ママたちも、そういう子育てや教育を受けてこな

かったので、仕方のないことです。

どんな子どもでも、生まれつき、がまんをする能力がないからできないのではありません。がまんということがわからないし、やり方を知らないだけなのです。がまんをするために必要な脳の回路がまだ育っていないだけなのです。

それなのに、できないからといって頭ごなしに叱られては、ストレスになってしまいます。そして、脳にがまんの回路が育たないまま学校という社会へ出てしまうため、集団の中にうまく入れず、さらにストレスにさらされることになります。

「病院でじっと座って待つことができず、駆け回ってしまう」という悩みをもつお母さんは多いと思うのですが、待つことと思いやりの回路を作ってあげれば、だんだんと黙って座って待つことができるようになります。

その方法は、

「あそこにいるおばあちゃんは、足が痛そうだね。お席が見つかるといいね」

「あっちのお母さんは荷物が重そうだね」

「あのおじいちゃんは腰が曲がっていて立っているのが大変そうだから、席が見つかってよかったね」

「病院は、体調が悪い人がたくさんいるから、静かなほうが辛くないね。だから静かにしていようね」

「じっと座って待っていて、えらかったね」

というように、いろいろな場面場面で、ほかの人の気持ちや、どうしてあげればうれしいのか、きちんと言葉にして教えてあげることです。もちろん、できたときにはほめてあげます。何よりお母さんの言葉は、子どもにとって最高の教材なのです。


何かをさせるときは、事前に予告をして心の準備をさせ、イメージをつくらせておくことも大切です。

大人は、予告をしないで、その場になってすぐにやらせようとしがちです。しかし、子どもには子どものペースがありますから、早めに予告しておきましょう。そうすれば、必要な状況になったとき対応しやすくなります。

病院の例で言いますと、病院へ着く前に、

「病院へ行ったら、ジーッと静かに順番を待とうね」

「困っている人がいたら、サッと席を譲ってあげようね」

と予告をしていれば、子どもは心の準備ができます。

ところが、病院の中に入っていきなり

「静かに座ってなさい」

「おばあさんに席を譲ってあげましょう」

と言われても、子どもの脳がついていくまでに時間がかかってしまいます。

あるいは、家に帰ってきたときの例でいえば、玄関から中に入ってから「手を洗おうね！」と言っても、子どもは準備ができていないので、瞬間的に「いやだ！」と言うかもしれません。でも、玄関を開ける前から、「おうちに入ったら、おててをキュッキュキュッキュッと洗おうね！」とお話ししておけば、頭の中に予告ができているので、家に入って改めて「手を洗おうね」と告げたときにスムーズに手を洗う行動へと移行できます。

この予告をするときは、「キュッキュッキュッ」など短いくり返しの擬態語で、具体的なイメージを喚起するように言います。そうすると、言葉がなかなか出ない子どもでも、楽しく受け入れられて、頭から抜けにくくなります。

こうした話しかけをしていると、お母さんにも「事前予告」が自然に身についてきます。子どもも自然にこなすようになりますので、お母さんが声を荒げて子どもを叱ることも少なくなります。

（鈴木）

宿題で多くの子どもは学校嫌いになる

日本の学校教育がストレス教育であることを示す代表例の一つが、宿題です。

宿題をしている親子の様子を見ていますと、親が子どもを怒っていることがよくあります。子どもは遊びたいので、なかなか宿題に集中しません。その様子を見て、親が怒りを爆発させるといった具合です。また、子どもが問題をスムーズに解けない、あるいは内容をすんなりと理解しないことにイライラしてしまう親もいます。

親が怒り出すと、子どもは泣き出したり、奇声をあげたり、暴れたり、親を余計に苛立たせるようなことをしたりします。こうなると、ますます宿題がはかどらなくなります。

脳の仕組みから、この現象を解明してみましょう。

親に怒られると、子どもの脳は強いストレスを感じ、脳内にアドレナリンが分泌されます。アドレナリンは闘争ホルモンなので、脳が興奮してしまい、学習どころではなくなります。つまり、ストレスに対抗するための行動をとろうとしてしまうのです。それが、泣く、奇声をあげる、暴れるなどの行動として現われるのです。

これでは、親子の信頼関係がうまく築けなくなるのも無理はありません。

学校で宿題というストレスをかけられ、家庭でも親から宿題をやれとストレスをかけられるとしたら、子どもの脳はどうなってしまうでしょうか。

過剰なストレスは「キラーストレス」ともいわれるように、脳神経細胞や血管細胞を破壊するほど強く作用するため、脳内のトラブルの原因になります。


子どもの学習がもっとも進むのは、楽しいときです。子どもに限らず人の脳は、楽しいときにはドーパミン、セロトニン、エンドルフィン、ギャバといった快楽ホルモンを分泌します。快楽ホルモンは「学習ホルモン」の異名をもつように、学習効果を高める作用をします。

ドーパミンは、やる気のもとで、記憶や学習にも働きかけます。ワクワクしているときや、目標を達成したときにも分泌されるといわれています。

セロトニンは、ドーパミンとの組み合わせで、前向きで落ち着きのある心の状態に整えてくれます。頭をすっきりさせて脳を活性化させる作用もあります。

エンドルフィンは、ゆったりとした気持ち良さを誘い、幸せな気分にしてくれます。集中力を高める作用もします。

ギャバは、天然のアミノ酸のひとつで抗ストレス作用があり、興奮を鎮めたり、リラックスさせたりします。

教育水準が世界トップクラスの国として知られる北欧の国、フィンランドの小学校では、基本的に宿題を強制することはないそうです。

日本でこのフィンランド式の教育を行なっている学校の一つがお茶の水女子大学付属小学校です。宿題に重点を置かないだけでなく、子どもたちが自主的に学ぶ力を引き出すために、さまざまな取り組みを行なっています。

授業では、観察や実験を多く取り入れています。そこで児童が何かに興味や疑問を持ったら、先生と児童がコミュニケーションをして伸ばすようにしているそうです。

この小学校の卒業生たちには、世界レベルで高く評価されているユニークな研究者が多いことでも知られています。

もっとも与えていけない感情は恐怖と不安と孤独

（篠浦）

恐怖と不安と孤独によるストレスは、発達障害に大きく関わる脳の部位に強い影響を及ぼします。発達障害と脳の関係については、前著『発達障害を改善するメカニズムがわかった！』でくわしくお話ししましたが、ストレスがかかった際、脳内では次のようなことが起こります。

脳にストレスが与えられると、視床下部、下垂体、副腎系がストレスに刺激されて、副腎髄質ホルモン（アドレナリン）、皮質ホルモン（コルチゾール）が分泌されます。脳は、これらのホルモンの作用で闘争的、活動的になることによりストレスを乗り越えようとします。

くわえて、前章でお話しをしましたように、脳の視床下部は、ストレスに対抗するために交感神経を活性化します。すると、血圧や脈拍が上がります。

扁桃体はストレスにさらされると、不安感（右の扁桃体）や怒り（左の扁桃体）といった強い感情を引き起こします。これが、後先《あとさき》を考えない衝動的な行動につながるのです。

この扁桃体をコントロールしているのが視床下部で、扁桃体が過剰に活性化すると、視床下部はこれを和らげるように作用します。このコントロールがうまくできないと扁桃体の過剰な活性化を和らげることができなくなり、ますます衝動的な行動が起こりやすくなります。

本来、ストレスによって脳が戦闘状態になることは一時的には必要な反応なのですが、問題はこの状態がずっと続くことです。戦闘状態に関わる脳の領域のみが発達し、それ以外の部位の神経細胞や神経線維の発達が遅れます。

とくに発達障害児の脳のなかでは、視床下部と扁桃体の機能が異常になっていることがわかってきています。視床下部の機能が低下すると、ストレスによって過剰に活性化した扁桃体のコントロールが効かなくなり、不安感や怒りの感情が大きくなってしまいます。

ストレスがあると、奇声を発したり、異常行動をしたり、集中力をなくしたりするのもそのためです。

脳がいつも「戦闘時」の状態にあると、「平和時」に働く脳機能は低下し、社会性も育ちにくくなります。

そもそもストレスは、短期間で自分の許容内であれば脳の発育にプラスになりますが、許容量を越えたり長期に続いたりすると、血流低下が長期間続いた部位で脳神経が傷み、治療も困難になってしまいます。

子どもにもっとも必要な感情は安全と安心と安定（篠浦）

扁桃体をコントロールする脳の部位が、前部帯状回です。たとえば、右の扁桃体が過剰に活性化するとパニックになりその場から逃げようとしますが、そうした行動をコントロールするのが前部帯状回なのです。

このコントロールがうまく機能していると、ストレスがあってもグッと我慢して、その場から逃げずにストレスに対処できるようになります。

もう一つ、視床下部からいわゆる愛情ホルモンであるオキシトシンが分泌されることでも、扁桃体の過剰な活性化はコントロールできるようになります。

オキシトシンはストレスを緩和し、不安や恐怖心をおさえる作用で知られています。家族や友人とのスキンシップや信頼関係で分泌されるため、愛情ホルモンといわれています。

ここまでのお話をたとえますと、帯状回は父親的な働きをします。がまんをさせて、扁桃体から発生する不安感や怒りを抑えます。視床下部は母親的な働きをします。愛情によって、扁桃体から発生する不安感や怒りを抑えます。

前項でお話ししたように、発達障害児の脳の中では視床下部の機能低下によって扁桃体が過剰に活性化し、「戦闘時」に関わる脳のみが働いています。これを改善するいちばんの解決方法は、視床下部の機能を高めることです。

そのために効果的なのは、お母さんが子どもと向き合って愛情を注ぐことです。

子どもをよく見て、うまくいったら抱きしめ、ほめて自信をつけさせることです。そうすることにより、発達障害児の視床下部の血流が増え、オキシトシンが分泌され、扁桃体がコントロールできるようになります。

ＡＳＤ（自閉症スペクトラム）やＡＤＨＤ（注意欠陥／多動性障害）では、右脳の機能低下が起こっているといわれます。右脳は人と関係すれば刺激を受ける脳ですから、お母さんができるだけ子どもに接する時間をつくることで、右脳が活性化し、結果として、これらの症状が軽減されると考えられます。

まずは、お母さんが愛情を注ぐことで子どもの視床下部を活性化し、扁桃体をコントロールできるようにすることが大事です。

それから、帯状回を刺激して、さらに扁桃体をコントロールできるようにします。それにはがまんを覚えさせることです。昔から、がまんを覚えさせることは子育てにおいて大事にされてきましたが、それは脳神経科学的に見ても理にかなったことといえるでしょう。

視床下部の機能にはオキシトシンなどの物質だけでなく、波動も大いに関係していると私は考えています。そういう意味では、お母さんが子どもと接する機会や抱きしめる機会を増やして、お母さんの視床下部の波動を子どもに伝えることにより子どもの視床下部の機能を改善することがきわめて大事なのだと思います。

（鈴木）

これが脳科学に基づいた21世紀の教育

脳の働きとストレスの関わりについて、篠浦先生の解説も交えてお話ししてきました。これまで良かれと思って子育てを行なってきたのに、そのお母さんの頑張りがうまくいっていないのだとしたら、それが子どもの脳に大きなストレスを与え、子どもの成長をますます遅らせることになっているのかもしれません。

けっして子育てに頑張るお母さんの努力が足りないのではなく、その方法の一部に、脳科学的に見てまちがいがあったということなのです。

子どもの脳の働きや発達の仕方を正しく理解して子どもに接していくことが、21

世紀にふさわしい未来型の子育てです。その方法を、次の章からくわしくお話ししていきますので、ぜひ、明日からといわず今すぐに取り組んでみてください。

4章

親が変われば子どもは変わる

親の意識改革が重要

（以下はすべて鈴木）

学校では、発達障害にかぎらず、6歳までに必要だと考えられていることができない子どもは、「障害児」として指導されます。つまり、6歳までにできなかったことは「この先もできないこと」と判断されてしまい、できないことが前提で学校での指導が行なわれるということです。

こうした学校での指導が、子どものセルフイメージとして、自分は障害児なんだと思い込ませてしまうのです。その結果として、子ども自信の意識が限界を作ってしまいます。

そうなることを防ぐには、〝就学前〟に家庭教育を行なうしかありません。就学前の子どもの柔らかい脳であれば、今できないことがあっても、これからどんどんできることが増えていく可能性をもっています。

たとえば10回やってみて1、2回できれば、どんどんできる回数が増えていく伸びしろがあるということです。親が、この子は1、2回しかできないと思うか、これからどんどんできるようになると思うかで、子どもの伸び方は全然違ってくるのです。

10回中2回しかできなかったことが5回、8回と増えていきます。そういうステップを踏んで、どんどん子どもは伸びていくのです。そのような過程を通して、脳の回路が形成され、子どもが将来社会で生きていくことができるようになっていくのです。

このとき影響するのが親の意識です。子どもが伸びていく過程で起こる一つひとつの変化を、それがたとえ小さい変化でも〝よくできたね〟と認めることが必要です。そう親が意識を改革しなければ、子どもは伸びていきません。

「この子の脳の発達特性に合わせて育てれば必ず伸びる。天才の卵だ」

そう信じてください。そうすれば、どんなに小さな変化でも見つけられる視点が、お母さんに育ちます。毎日、子どもが成長していることを発見でき、諦めずに続けることができます。

何より子どもの可能性を信じる心があれば、お子さんにお母さんの愛情がしっかりと伝わります。

お母さんはわが子の専門家

ほかの子どもよりも少し育てにくいところがあると、自分の子どもの発達には問題があると、つい思ってしまいがちです。しかし、発達に特性がない子どもはいません。どの子どもにも個性があり、発達の過程はさまざまです。発達障害児と呼ばれる子どもでも、そうでない子どもでも、みんな〝発達特性児〟なのです。

エジソンやアインシュタインがそうであったように、発達における著しい特性は短所に見えてしまいやすいものです。しかし、それを素晴らしい可能性ととらえて家庭教育を行なえば、世界の偉人に並ぶ天才になる可能性を強く秘めてくるのです。

それを決めるのは、お母さんなのです。お母さんこそ、子どもが人生のはじめに出会う最高の先生なのです。

子どものことをもっともよく見ている人は、お母さんです。保育園や幼稚園の先生がどんなに子どものことをよく見ているといっても、それは、たくさんの子どものなかの一人として、です。でも、お母さんは、子どもが生まれる9カ月前から文字どおり一心同体で育て、生まれてからも、いつも子どものことを見守り続けます。

だから、

「この子にはこんなところがある」

「この子はこういうことが好きで、こういうことは嫌いだ」

といった、子どもの個性も細やかに知っています。

お母さんは子どもの特性を本当によく見ていますし、毎日接しているから、ちょっとした変化に気づくことができます。ですから、ＥＥＳのメソッドも、親が子どもをよく見ることから始まります。

お母さんこそ、わが子の最高の専門家であり、最初で最大の教師なのです。そんなお母さんが、わが子の脳の特性をよく知り、その特性に合わせて的確な教育をすることが、子どもの成長にはもっとも近道なのです。

子どもの脳の特性を知る方法は、このあとくわしくお話ししますので、参照してください。

将来、社会で生きていくために必要な4つの神経回路

6歳までの子どもの生活で、いちばん重要なのは家庭という場です。家庭でお母さんから学ぶことが、いちばんの教育になります。

では、家庭教育では何を学ばせるのか。就学前の子どもに何を教えるのか。それは、人間関係をつくり、将来社会で生きていくために必要な〝脳の回路〟を形成することです。

ＥＥＳのメソッドでは、独自の発達検査表を使って基礎能力を育てながら、脳の回路を形成していきます。家庭教育というと、人格の形成とか社会性の育成といった抽象的なイメージを思い浮かべるかもしれませんが、脳科学にもとづいた子育てはもっと具体的です。神経回路が１個でも作れたら、子どもの発達は確実にレベルアップしていきます。そして、６歳までに必要な脳の回路の９割が出来上がったら、将来社会で生きていくための十分な準備が出来上がったと判断できるのです。

そうなったら、いつでも子どもの特性を生かした才能教育を始めてもよいと考えています。

基礎能力を育てる過程で子どもの脳につくるべき神経回路は、３章でも述べたように次の４つです。

「楽しくがまんする回路」

「やればできるという自信の回路」

「楽しくあいさつする回路」
「相手の立場で考える思いやりの回路」

これらの神経回路が重要であることは、社会にいる大人であれば、誰にでもわかることです。たとえば、ビジネスの場では、がまんと自信は不可欠です。さらに相手の立場で考えることで、今社会が求めている「ニーズ」をつかめます。

こういう神経回路は、放っておけば、子どもが人生のどこかで気づいて身につけるものなのでしょうか。そうではありません。子どもの未来を明るく照らすためには、このような回路を幼児期にきちんと形成しておくことが重要なのです。

脳の発達に合わせて回路をつくっていく

くわしくは6章でも説明しますが、発達検査表を使って基礎能力を育てることにより、がまんと自信と思いやりの神経回路をしっかりつくることが人格形成のポイントになります。ここでは、このことをまず簡単に順を追って説明していきたいと思います。

まず、がまんの回路をつくる方法です。この方法では、何かを欲しがっている子どもに対して、お母さんが「ちょっと待ってね」と話しかけることから始めます。もし上手にがまんができたら思いっきりほめてあげることがポイントです。こうすることで、それががまんであることを教えます。

一つ、具体的な例を紹介します。まず、子どもが好きなおもちゃを見せて、「欲しい?」と聞きます。欲しそうにしたら、「じゃあ、3つ数えるまで待ってね」と待たせてから渡してあげます。このとき、「よくがまんできたね」とほめてあげてください。

それができるようになったら、次は、家事の間に子どもが「遊ぼうよ」などと要求したとき、

「この洗い物が終わるまで待ってね」

と声をかけ、ちゃんと待てたら、

「よくがまんできたね。じゃあ、遊びましょうね」

と、がまんができたことをほめてから、子どもの要求に応じてあげるとよいでしょう。

こうすると、子どもは「待つと良いことがある」と理解しますし、待つことが苦痛でなくなり、楽しく待つことができるようになります。

がまんを教えるとき、大切なことがあります。それは、子どもとの約束を破らないことです。破ってしまうと、子どもとの信頼関係が壊れてしまい、家庭教育がうまくいかなくなってしまいます。

もし、止むを得ない事情でさらに待たせることになったような場合には、ちゃんと子どもに心を込めて謝るようにしなければなりません。

また、3章の折り紙の例でも少しお話ししましたが、遊び感覚でワクワクしながら待つことにより、がまんの回路を自然につくっていくのも良い方法です。

次に、やればできるという自信の回路をつくる方法です。人生は失敗の連続で、子どもの一生にも数え切れないほどの失敗があります。その失敗を乗り越えるためには、「自分にはできる」と信じてやり遂げる心が必要です。

たとえば、何かに挑戦しようとすると失敗することもあります。エジソンはそれを失敗と言わずに「成功へのステップ」と言っています。つまり、失敗とは成功に導く段階であるという考え方です。自信が身についていれば、そうした強い心で次のことに挑戦することができます。

この自信という脳の回路をつくるために、もっとも効果があるのが、何かができたとき、良いことをしたときに親が思いっきりほめることです。

「笑顔が素敵だね」

「ちゃんとお返事ができたね」

「残さずごはんを食べられたね」

など、ほめるつもりで子どものことを観察すれば、いくらでもほめる材料が見つかります。

お母さんもお父さんもほめ上手になりましょう。親バカだと思われるくらいでちょうどよいのです。そうして子どもがよくできたことをドンドンほめることで、自信の回路が形成されていきます。

ほめるときに、もうひとつ大切なことがあります。それは、子どもと〝周波数〟を合わせてほめることです。

私がお母さんたちにすすめているのは、早口で思いつく限りの言葉でほめることです。たくさんの言葉を使って一息にほめると、親は息がきれて気絶しそうになりますが、普通にほめるよりも子どもの脳に強く印象付けられます。

さらに、ほめることは脳の学習ホルモンを分泌させるうえでも非常に有効です。また、お母さんお父さんにとっても、いつも子どものことをほめていると、親としての自信がドンドン湧き出てきます。

ドンドン使おう！　子どもをほめる60の言葉

よくがんばった　うまい　たいしたもんだ
よくやった　上手　すごい

すごすぎる
すばらしい
やればできる
さすが
あっぱれ
立派
感動した
最高
見事
素敵
かっこいい
賢い
日本一
世界一

天下一
銀河一
宇宙一
Good job!（グッジョブ）
wonderful（ワンダホー）
地球を変えるリーダー
Bravo!（ブラボー）
great（グレイト）
complete（コンプリート）
amazing（アメイジング）
大丈夫
驚きだ
ビックリした
超一流

輝いてる
私の誇りだ
大物
ヤッター
偉い
胸が震える
胸がいっぱい
万歳
エェー！
オォー！
幸せ
涙が出る
おりこう
優れている

優秀　　　　救世主　　　　勝利者
天才　　　　鳥肌が立つ　　真のチャンピオン
名人　　　　完璧　　　　　達人
ワクワク　　大立者　　　　perfect（パーフェクト）

三つめは思いやりの回路をつくる方法です。これは、人にあいさつをしたり、実際に人を思いやる体験をしながら形成されていきます。子どもが幸せな人生を生きていくためには、とても大事な回路です。

思いやりを育むには、お手伝いをさせると効果があります。このときに重要なのは、お手伝いをしてもらったとき、必ず親が感謝の気持ちを示すことです。

そして四つめは、楽しくあいさつする回路をつくる方法です。

あいさつは、笑顔でできることが大切です。

起床時の「おはようございます」にはじまり、食事のときの「いただきます」

「ごちそうさま」、就寝前の「おやすみなさい」に至るまで、親が子どもの前で笑顔で行なうことをくり返していると、いつの間にか子どもは自然にあいさつができるようになっていきます。

話は少し脱線しますが、まだ十分に自分の感情を言葉で表現できなくても、発達障害があっても、子どもには喜怒哀楽があります。上手に表現できないからといって、感情がないわけではありません。

感情の伝え方がわからない子どもは、奇声をあげたり、衝動的な行動などで自分の感情、とくに怒りや哀しみ、不安、恐れといった感情を伝えようとします。ですから、子どもが奇声をあげたり、暴れたり、お友達をたたいたり、あるいはつばを吐いたりといった行動をとるときは、何らかの感情が強く湧き出た状態です。

どうしてそんなことをするのか、お母さんにも理由がわからないと、お母さん自身が困って不安な気持ちになります。でも、

「ああ、この子の中では今、何か、強い感情が動いたんだな」

と受け止めることができれば、お母さんの不安は減っていくはずです。そして、その直前の出来事から、どんな感情が動いたのかを推察してあげてください。

子どもは、自分では、その感情がどんな出来事から起こったものなのか説明することができません。そこで、代わりにお母さんがその感情を言葉で伝えてあげるのです。

たとえば、子どもが何かにぶつかって戸惑っているようならば

「どうしたのかな？　ぶつかったからかな？　ぶつかって痛かったね」

と、子どもの代わりに言葉にしてあげます。それによって、子どもは実体験と、感情と、その因果関係について学びます。

まだ言葉が出てこない子どもだからといって、言葉を理解していないわけではありません。言葉の適切な使い方を知らないだけなので、お母さんが代わりに言葉にして話しかけることによって、少しずつ自分の感情を学んでいきます。

子どもは、お母さんが話しかけてあげないかぎり、学ぶすべがありません。インプットがなければ、アウトプットも起こらないのです。

くり返しインプット（ＥＥＳでは、「入力する」という言い方をすることが多いです）していれば、何かの拍子に、それらが子どもの潜在意識に蓄積されていたものと一致して、言葉が出てきます。

必ずあとでアウトプットされるはず、と信じて、どんどん入力していけば、必ず子どもから感情を表現する言葉が出てくるようになります。

5歳までは右脳に軸足があり、10歳からは左脳に軸足が移る

篠浦先生は、脳神経外科医として数多くの脳の覚醒下手術を行なってきておられますが、その臨床体験を通して、人の脳の使い方には右脳型と左脳型の二つのタイプがあることを明らかにされています。

簡単にいえば、右脳は感情中心に機能し、左脳は知能中心に機能すると理解することができます。じつは、子どもの脳の発達も、右脳と左脳という仕組みで見ていくと一定の法則性があることがわかります。

0〜5歳までの脳の発達は右脳に軸足があり、10歳からは左脳に軸足が移っていきます。6〜9歳は移行期間です。ここで上手に移行できれば10歳から全脳を使って成長していきます。

0歳のときは、左脳にはほとんど優位性がありません。生まれたときは圧倒的に右脳が優位で、月齢が進むにつれて左脳の働きが伸びていき、10歳を過ぎるころからは左脳が優位になります。ここまできて自我がはっきりします。

生まれたばかりの子どもは右脳の働きがほとんどなので、話しかけられても、それを単なる音として聞いています。これは、見たものと音に感情だけで反応している状態です。そこから年齢が進み言語能力を獲得するにつれて、だんだん左脳的になっていくのです。

右脳が優位なときに、子どもに情報を入れるには、五感で感じ取れる音や映像をうまく使って働きかけると、スムーズに反応できます。

右脳が優位である5歳ごろまでは、認識できる情報のうち映像からの情報が8割で、音からの情報は2割であるといわれます。それが、左脳が優位になると、文字からの情報が8割になり、映像からの情報は2割になるといわれます。文字からの情報が中心になっていくことで、子どもは社会化していくのです。

5歳ごろまでの右脳優位な状態から、10歳以降の左脳優位な状態への移行がうまくいくほど、子どもは両方の脳をバランスよく使える、つまり全脳を使えるようになり、非常に優秀な脳の持ち主になります。

21世紀の子育てはグローバルスタンダードに

子どもが将来、社会に適応して自立していくために必要なのは、何度もお話ししているように、6歳までに基礎能力を育てながら、がまんと自信と思いやりの回路を脳につくることです。

今後、子どもたちはますますグローバル化した社会で生きていかなければなりません。ですから、子どもたちには日本の社会で自立できるだけでなく、グローバルスタンダードで生きていくことが求められます。当然、そのための子育てもグローバルスタンダードでなければなりません。

そもそも教育に対する考え方には、お国柄があります。その国固有の文化が影響してくるからです。しかし、どんな国に生まれても、脳の機能や発達の仕組みは基本的に同じです。

この本がすすめている脳科学にもとづく子育ての方法を実践することこそが、これからグローバルスタンダードで生きていく子どもたちを育てるために必要なことであると確信しています。

5章

お母さんの目が笑う笑顔こそ子どもを伸ばす最強の武器

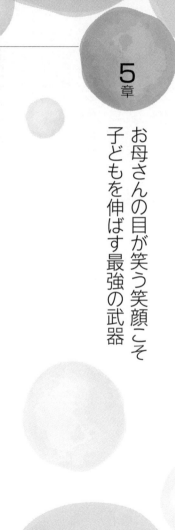

お母さんの目は笑っていますか

子ども、とくに小学校就学前の幼児の脳の成長には、子どもが安心できる環境が必要です。そのために何より大切なのが親の愛情です。その愛情を、幼い子は何からもっとも強く感じるかといえば、お母さんの笑顔なのです。

右脳が優位になっている子どもの脳は、お母さんの表情にとても敏感です。たとえば、さまざまな実験から、生まれて間もない赤ちゃんでも、お母さんの表情はちゃんとわかるといわれています。お母さんが笑顔であれば赤ちゃんは喜び、無表情であったり怒っていたりすると、赤ちゃんは泣き出します。

それだけでなく、お母さんが心から笑っているのか、それとも笑っているフリだけしているのかも、ちゃんと見抜きます。そのポイントは、目です。口元が笑うだけで目が笑っていないと、子どもは不安になります。お母さんの目が笑ったときに、はじめて愛情を感じて安心できるのです。

中央大学で、知覚発達心理学を研究しておられる山口真美教授によると、生後7～8カ月の赤ちゃんの脳活動を計測したところ、母親の怒りとか微笑みといった表情の違いで脳活動が異なることがわかったそうです。

また、自閉症の子どもは視力発達が早いことや、生後数カ月の子どもの脳や知覚器官の成長過程の差が、言葉や社会性の障害にも関連していることがわかってきているといいます。

〈出典：https://yab.yomiuri.co.jp/adv/chuo/research/20120216.html〉

「厳父慈母」は乳幼児にはストレスになる

ストレスによって刺激されると、脳はアドレナリンを分泌して興奮しますし、学習ホルモンの分泌は妨げられます。ですから、子どもが左脳で「これはルールだから叱られている」と認識できるまでは、叱っても効果がないですし、かえって学習を阻害することにもなるのです。

子どもにとって親と接することは、そのすべてが脳の刺激になりますが、大事なのは、その刺激の周波数です。子どもの周波数に合っていれば、快い刺激になって脳の発達を促しますが、周波数が合っていないとストレスになって、脳の発達を阻害することになります。

たとえば、昔から日本では理想の親のことを「厳父慈母」などといいます。これは、脳科学から見ますと、乳幼児期にはまったく当てはまりません。とくに3歳くらいまでの子どもの脳の回路は、お母さんの慈母のような愛情に包まれて形成されていきます。

この時期に、お父さんが早くルールを教えようとして厳しい指導を行なっても、子どもにはストレスになるだけで、脳の発達を阻害してしまいます。したがって、この時期のお父さんは「厳父」ではなく「慈父」を心がけましょう。厳しく社会のルールを教えるのは、そのあとでいいのです。これが脳科学から見た「厳父慈母」の正しい理解です。

親の感情と意識をコントロールする

それはわかるけれど、実際に子育てをしていると、いつもニコニコしていられなくなる。あまりに忙しくて、ついイライラしてしまい子どもに厳しく当たってしまうこともある。どうすれば子どもの脳にストレスを与えずに育てられるのか、という悩みを相談されることがよくあります。

それには、親、とりわけお母さんがストレスを軽減して、自分の感情と意識をコントロールすることが必要です。脳科学を活用した方法を紹介しましょう。

人の脳はとても重要な器官で、きわめて精密な働きをしていますが、その一方で、非常にだまされやすい側面ももっています。

たとえば、どんなにシリアスな状況であっても、常にポジティブな言葉を発したり、ポジティブなイメージを思い描いたりしていると、脳は次第にその言葉やイメージを優先するようになり、じつはポジティブな状況なのだと勘違いするようなところがあります。こうした脳の性質を活用するのです。

顔の表情も同じです。たとえ気分が冴えないときでも、顔を上げ口角を上げて、何か楽しかったことやうれしかったことを思い浮かべながら笑顔にしていると、脳は本当は楽しいのだと勘違いしはじめます。

子どもに腹が立ってしまって仕方がないときは、「可愛いな」という気持ちで撮った子どもの写真を見るのもいいでしょう。そのときの気持ちをできるだけリアルに思い出してみてください。

どうしても気持ちが落ち着かないときは、「がまん、がまん、がまん……」とくり返し心で唱え続けましょう。子どもに語りかけるときのように、「私は楽しくがまんができます」とくり返してみるのもよいでしょう。

この章で後述する「バスタイム暗示法」は、子どもにかぎらず、誰にでも効果があるものですから、お母さん自身の習慣にするのも良い方法です。

意識を変えるためには、〝一呼吸する〟のも効果があります。できるだけ深く一呼

パワーアップ体操

足を肩幅程度に広げて立ちます。肩の力は抜きましょう。

a

両腕を心臓よりも高く上げて、前に向かってグルグルと5～10回回します。

b

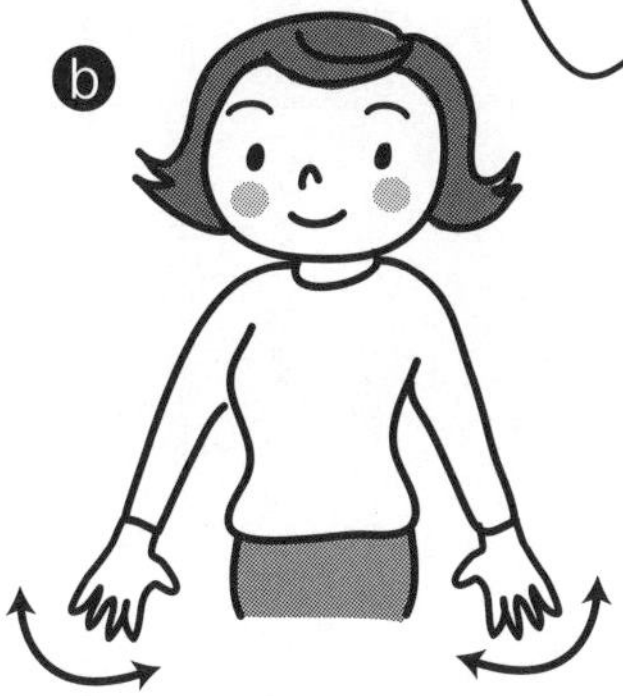

左右の肩と腕の力を抜いて、だらりと下げます。手首を体から少し離して、できるだけすばやく10秒間、ブルブルと振ります。

c

さらに超高速で、小刻みに10秒間振ります。

吸してみてください。気持ちを切り替えるきっかけになります。

自分自身を専用のカウンセラーに見立てて、イライラする気持ちや、もやもやする気持ちを心の中で言葉にして吐き出してみるのもいい方法です。そのときは、どうしてそんな気持ちになるのかわからなくても、出てきた言葉を否定せず、「どうしてそう感じたの？」「それはなぜ？」と問いかけてみてください。

こうすることで、少しずつ意識を整理し、イライラやもやもやを抑えていくことも有効な方法でしょう。

身体を動かすのが気持ちを切り替えるのに有効な人もいます。ＥＥＳでおすすめしているのはパワーアップ体操です。ぜひ試してみてください。

〝こちょこちょ体操〟でママの目が笑う笑顔づくり

お母さんが、どんなに辛いときでも笑顔でいられるように考案した体操もあります。それが〝こちょこちょ体操〟です。

私はセミナーで、お母さんたちにこんなふうにこちょこちょ体操を紹介しています。まず、

「今世紀最大の子育ての極意を教えましょう」

とお話ししてから、

「皆さん、手を出して」

と言います。すると、お母さんたちは
「何を教えてくれるんだろう」

と、真顔になって手を出します。そこで、

「はい、脇に手をやって。それを上下に動かしてこちょこちょします。はいスタート。十回やりましょう」

と言うと、みなさん、笑い出すんです。

「超くだらない〜」

「何これ〜」

という感じで。

その様子を後ろから眺めているスタッフによると、お母さんたちの緊張していた肩と背中のラインが一瞬にして、ふっと柔らかくなるのだそうです。

それまでは、子どものことが心配で、あれやこれやと活発に動いていた左脳が、笑ったことで一瞬停止するんです。

イライラするときというのは、左脳の指示の通りに物事がうまく運ばなくて、左脳がまるで交通渋滞のようになっています。そこで、笑うという行為で感情を刺激すると、パッと右脳優位に切り替わります。左脳の渋滞も解消されていきます。

そもそも幼い子どもはまだ右脳優位の状態にいますから、お母さんも右脳優位になって接したほうが子どもと波動が合って愛情が通じやすくなるのです。

右脳を優位にするために「ワッハッハ」と声を出して笑うようなセラピーもありますが、無理やり笑うことには抵抗がある人もいることでしょう。でも、こちょこちょ体操は自然に笑顔になります。セミナーでやってもらうと、心の中では「馬鹿馬鹿しい」と思っていても、怒り出す人はいませんし、逆に、この「馬鹿馬鹿しい」という感情が笑顔をつくるのです。

この笑顔に脳がだまされることで、意図しなくても自然に目元まで優しく穏やかになって、本当の笑顔になっていきます。

脳の回路づくりにはバスタイム暗示法も効果的

子どもの脳の回路をつくるには、バスタイムを利用するのも効果的です。EESでは「バスタイム暗示法」をおすすめしています。

入浴しているときは心身がリラックスし、血流もよくなります。この状態で、子どもの左の耳に、笑顔で、学んでほしいことを話しかけて暗示にかけます。

子どもの脳の回路づくりにいいと思うことを話しかければいいのですが、すぐに思いつかないようでしたら、次の「5つの魔法の言葉」を話しかけてみてください。

5つの魔法の言葉

「あなたは、楽しく我慢できます」

「あなたは、楽しくあいさつができます」

「あなたは、楽しく人を思いやることができます」

「あなたは、楽しく学べます」

「あなたは、運がいい。ツイています」


これらの言葉をくり返し聞くことで、子どもの脳に、自分はできるという自信の回路が形成されやすくなります。

子どもが慣れてきたら、

「トイレでおしっこができます」

「落ち着いて待てるようになったね」

「あなたには、○○の才能があるよ」

「家に帰って来たら、ちゃんと手が洗えて格好いいね」

といった具合に、学んでほしいことや、できそうになっていることを話しかけます。

もし、お子さんがお風呂が嫌いなら、「お風呂は楽しい」と感じさせるところから始めてみてください。あるお母さんは、お風呂場で着衣のまま、オママゴトをして遊ぶところから始めました。そのうちに、お子さんは「お風呂場は楽しい場所」と覚えて、お風呂が好きになったそうです。

先に紹介したパワーアップ体操を親子で一緒にやって、子どもの血流がよくなったところで、左耳に「お風呂が好きになったね」と話しかけてみるのもいいでしょう。

パワーアップ体操をいやがる場合には、手足をマッサージしてあげるところから始めてもいいでしょう。慣れてきたら、パワーアップ体操を始めてみてください。

どのやり方でも、お母さんが「こうしなければダメだ」と決め込まず、ストレスにならないところから始めてみることが大切です。

篠浦先生に、バスタイム暗示法について脳科学的な意義をお聞きしました。

「過剰なストレスによって扁桃体が活性化し、何かにとらわれている脳にとっては、入浴によってリラックスしてストレスが軽減したり、脳の血流がよくなったりすることで、そのとらわれがなくなっていきます。すると、脳全体が働き出す方向に変わります。

そのような状態に整えたうえで、左耳に笑顔でささやくと、子どもの幸福感が高まり、暗示がかかりやすくなると推測されます。

左耳にささやくのは、左耳から得た情報の6割は右脳に入っていくといわれているためです。こうすることで、子どもの右脳が活性化して暗示した言葉が脳に入りやすくなると思われます。

入浴時に耳のマッサージをすると、頭部の血流がさらによくなり、スキンシップにもなって安心感を高めることができます」

注意するときの4つの原則

幼児期は「厳父」になるのを待ちましょうとお話ししましたが、幼いうちでも、場合によってははっきりと注意する必要があります。それは、社会化を妨げる次の4つに関連したことです。

社会化をさまたげる4つの要因

・わがまま
・いじわる
・うそ

・よくばり

もし、これらのことで、子どもが気になる行動をとり、このままではいけないと感じて注意する場合は、声を荒げたり、大きな声を出したりせず、落ち着いた声で、耳元に2、3回ささやきかければ十分です。

できたら、日ごろから、本当はどうしたらいいのか話しておくと、子どもは注意されたとき、何がいけないことなのか理解しやすくなります。たとえば、

「お友達におもちゃを貸してあげないのは、思いやりがないし、わがままな子だよ」

と注意するなら、

「お友達にも、おもちゃを貸してあげようね」

と日ごろから話をしておくと、子どもは注意されたことを理解しやすくなります。

子どもと同じ土俵に乗るな

子どもは何度も同じことをくり返すことがよくあります。「困った行為」も同じです。はじめのころは穏やかに注意していた親も、何度もくり返されると、子どもと同じ土俵に乗ってしまい、つい感情的に怒ってしまいます。これでは、子どもの脳にはストレスになるばかりで、注意したことを受け入れなくなり、ますます同じことをくり返すことにもつながります。

子どもの困った行為は、本当は子どもの脳に社会性の回路をつくるチャンスだと思ってください。たとえば、友達とおもちゃの取り合いになったとしたら、まず、

「おもちゃでもっと遊びたかったのに、ほかの子がとっちゃったから怒っちゃったのね」

と、子どもの感情を説明してあげたうえで、

「取られたら、取り返したくなっちゃうかな」と、その行動を代弁してあげます。それから、「ほかの子も遊びたいのに、独り占めをしているのはわがままだね」「お友達にも、貸してあげようね」「返してほしいときは、返してねって言おうね」と、次に同じことがあったらどうしたらいいかを教えます。

こうすれば、子ども自身で筋道が整理できるので、次第に衝動的な行動をしなくなります。

夫婦がラブラブだと子どもは必ず伸びる

この章の前半で、「乳幼児には、厳父はまだ早い。慈父として子どもに接してください」とお話ししましたが、この時期、お父さんにぜひやってほしいことがもう一つあります。

それは、お母さんの笑顔を増やすことです。子どもに愛情を注いでいるお母さん自身に愛情を注いでくれるのは、お父さんしかいないからです。

とくにお母さんは子育てで悩んでいるようなとき、自分のせいだと自分自身を責めてしまい、ストレスを抱えやすいのです。子どもはそんなお母さんを敏感に感じ取っています。

お父さんはお母さんの目が笑っていないと気づいたら、お母さんが喜ぶことをしてあげてください。とにかく、お母さんの目が笑っていることが、子どもにとって最高なのです。これは、子育ての鉄則です。

6章

脳科学の先端情報を子育てに活かす時代が来た

私が親子面談でやっていること

（以下はすべて鈴木）

親子面談のときに、私は子どもにカードを高速で見せます。このカードは、動物や虫などのイラストに、その名称がひらがな、カタカナなどで記されたものです。

見せるといっても、カードをただ並べてゆっくり見せるのではありません。紙芝居のようにカードをかなりのハイスピードで次々にめくりながら、同じくかなりのハイスピードで絵柄の名称を読みあげます。まさしく「超高速」です。ただの早口だと思ったら大間違いです。最速では1分間に100枚のカードを読み終えるほどのスピードです。試してみるとわかりますが、息継ぎをする暇などほとんどありませんから、慣れるまでは、一度読み上げると全力疾走したあとのようになります。

このように超高速でカードを一通り読み上げたあと、5、6枚のカードを見せて子どもに、たとえば「セミはどれ？」と聞きます。すると、どの子も、ちゃんとセミのカードを指さします。

その様子を初めて見た親御さん、とくに

「この子は言葉が遅い」

「親の言うことをなかなか聞いてくれない」

「じっとしていない」

と悩んでいた親御さんは、目を丸くします。

ただでさえじっとしていないわが子が、初めて訪れた場所で、初めて会ったおじさん（私のことです）の話をじっと聞いているだけでも驚きなのに、大人でも聞き取れないような速さで読み上げられたカードを1枚も見逃すことなく覚えて記憶しているのです。その姿に、驚かずにはいられないのでしょう。

なぜ、私との面談で、こんなことが起きるのでしょうか。それは、私が、子どもの脳の周波数に合わせて、カードを見せ、読み上げているからです。

5章で軽く触れましたが、5歳ころまでの子どもは右脳が優位で五感が敏感です。なかには、早いうちに視覚が過度に発達する子や、聴覚が過度に発達する子、触覚や嗅覚、味覚が早く発達する子がいます。

こうした子どもたちは、同月齢の子どもに比べて、五感が非常に敏感です。その分、一度に得られる情報量が多いので、普通のスピードでは刺激が足りなくて飽きてしまいやすいのです。逆に、普通よりかなりのスピードで情報を与えられたほうが集中しやすいのです。

子どもによって敏感の度合いはさまざまです。それは脳の周波数の違いによるのだろうと私は考えていますが、どんなに情報を与えようとしても、それが子どもの脳の周波数と合っていなければ、子どもの脳はその情報を受け取れません。集中できないからです。

お母さんが「うちの子は育てにくいな」と感じているとしたら、その子の脳の周波数に合わせた子育てができていないからだと考えられます。

子どもとのやりとりはテレビの送信と受信の関係

子どもと「周波数を合わせる」ということについて、放送局とラジオやテレビの関係にたとえて考えてみます。

放送局が出す電波の周波数と、受信器であるラジオやテレビの周波数が合っていれば、送られてくる情報を楽しく視聴することができます。しかし、周波数が合わないと音声や画像が乱れて、かえって視聴することがストレスになります。同じく、親がいくら子どもに情報を伝えようとしても、それが子どもの脳の周波数と合っていなければ、子どもには苦痛になってしまいます。

脳の周波数について、篠浦先生は次のように考えておられます。

「2章でお話ししたとおり、最近では、脳は電磁波で活動していることがわかってきています。子どもが気持ちよく感じる波動と、教育者（親や先生）のもつ波動が共振することで、子どもの脳のエネルギーが上がることは十分考えられることです。その結果、子どもは幸福感を感じて教育者を受け入れることができ、学習が進むと推測されますね」

私にも思い当たる節があります。東京の自由ヶ丘にある産能短大で教鞭をとっていたとき、200人の学生に教える機会がありました。200人もいると、授業が始まるまでとてもざわざわしています。こちらがどんなに話を始めようとしても、なかなか私の話に集中しません。そこで、講義を開始する前に1分間、学生たちと周波数を合わせるようにしました。

具体的に何をしたのかというと、まず学生たちに目をつむらせます。すると周囲との会話がなくなります。このとき私も黙っていると、学生はいろんなことを考えてしまうので、1分間、今日の講義内容を話します。それだけで私と学生たちの周波数がけっこう合ってきて、学生が短時間で講義を聴く体制に入ることができました。

家庭学習でも学校教育でも、ちゃんと子どもに話を聞いて理解してほしいと思ったら、まず子どもの周波数に合わせることを意識してみてください。

「超高速楽習」で集中力が高まる

私の経験として、敏感な子どもには超高速で情報を与えたほうが集中しやすいというお話をしましたが（ＥＥＳでは「超高速楽習」と呼んでいます）、このことについて、篠浦先生は次のように述べておられます。

「2章や前著（『発達障害を改善するメカニズムがわかった！』鈴木昭平・篠浦伸禎共著）で詳しく述べましたが、敏感な子どもは戦闘状態で使う脳のみが活性化しています。そのために不安が強く、周囲のものに過敏に反応してしまいます。

こうした特性をもっている子どもには、超高速楽習のほうが、脳の興味を引き、集中を高めるのではないかと思われます」

超高速楽習で集中力を高めて情報を入力すると効率が良いことは、実践によっても、脳科学的に見ても間違いはないでしょう。

超高速楽習は、先ほど述べました「子どもと周波数を合わせる」方法としても優れています。その理由は、6歳ころまでの子どもの脳は物事を右脳で吸収する時期だからです。右脳は五感で感覚的に情報をチェックするため、大人が思っているよりもはるかに早く反応できるのです。

とくに五感の刺激に敏感な子どもは、年齢にかかわらず、その傾向が強くなります。常に右脳を優先的に使っているので、カードを読み上げるスピードが超高速でも、感覚でキャッチしているので反応が早いのです。というより、超高速なほうがちょうどいいスピードで、非常にリラックスできるのです。

こういう子どもにゆっくりと情報を与えようとすると、飽きてしまうのもそのためです。まだ左脳が十分に働いていないので、大人の感覚でゆっくり理解できるようにと思って情報を与えても、子どもの脳はいやがります。それどころか、ストレスになり、じっと見聞きしなくなります。周波数が大きくズレているからです。

もちろん、この右脳優先の時期が過ぎて情報を左脳優位で言語的に判断する成長段階になると、入ってくる情報をいちいち脳内で言葉にして確認するようになります。その分、反応に時間はかかりますが、右脳と左脳をバランスよく使って理解するようになります。

超高速楽習で就学前に高校受験レベルの準備ができる

右脳と左脳の働きと、超高速楽習法の関わりについて、もう少し説明しましょう。

たとえば、黙読で文章を読むときは、左脳が頭の中でその文章をチェックしながら読み上げています。チェックすることであれこれ考えているので、入力のみに集中力を使えません。

そこで、右脳の出番です。右脳は五感で情報を得ていくので、ものすごく早いスピードで、情報を小脳に蓄えていきます。大人向けの速読術や速聴術なども、この右脳の性質を応用しているものといえるでしょう。

ちなみに、大人が右脳を使うためには、単純で無意味な音を高速で連続して聞くといいでしょう。そうすることで左脳の機能が下がり、右脳が働きやすくなるので集中力が高まります。

このことを踏まえて、超高速楽習の活用法をお話しします。6歳ころから9歳ころまでの子どもは、ちょうど右脳優位から左脳優位への移行期間にいます。右脳を使ってたくさんの基礎概念（たとえば単語や数式など）を入力して小脳に蓄えておくと、あとで左脳を使った学習をするときに、その蓄積した概念を自由に使っていけるようになります。

右脳で短時間に覚え、左脳で深く理解することで、非常に効率よく学習できるようになります。大人になっても短時間で学習できる頭が良い人は、両方の脳をうまく使っているのです。それを左脳だけでやろうとするから、一所懸命やっているのに、なかなか覚えられず疲れてしまうのです。

右脳と左脳を連動して使わない限り、本当の能力は発揮できないといってもよいでしょう。

反復学習で小脳にインプット

超高速楽習には、反復学習という側面もあります。この反復学習について篠浦先生は次のように述べておられます。

「反復学習で右脳から入った情報は小脳に『無意識的行動』としてインプットされ、定着していくと考えられます。

たとえば、物がゆがんで見える「プリズムの眼鏡」をかけることを想像してみてください。その状態で目の前の物をつかもうとするとどうなるでしょう。当然、最初は、指は目的の物にたどり着きません。空を切ってしまうでしょう。ところが、数回くり返しているうちに、目的の物があるところに指が行くようになります。

こうした働きはすべて、小脳が担っているといわれます。つまり小脳は、『現実に適切に対応するための脳』なのです。ですから、人が無意識に行なう行動も、小脳でコントロールされています。

現実の社会では、さまざまな反復学習の機会があります。子どもでいえば、掛け算の九九は反復学習の見本のようなものでしょう。また、スポーツの基本運動も、料理なども、何度もくり返しているうちに身についていきます。これらもすべて反復学習です。

反復学習をすることで、小脳に型が出来上がり、いちいち考えなくても、容易に現実に適した行動を取れるようになるのです。

日本人は古来、反復学習が必要なお稽古ごとを『道』ととらえてきました。柔道、剣道、茶道、華道、書道……。この『道』とはつまり、型を覚えることだと私は解釈しています。『道』という型を小脳に多く取り入れることで、現実に対応しやすくなります。

脳の働きがまだ科学的に知られていなかった時代ですが、先人たちは経験的に小脳の働きを知っていたのでしょう。

普段、私たちが現実のなかでくり返し行なっていることのほとんどは、小脳を使っています。現実に適切に対応する行動、考え方、情動が小脳の中に型として入っているので、いちいち意識しなくても生活できるのです。

子ども時代に、人生において大切な生き方の型を小脳に入れてしまうことは、幸せな人生を送るために非常に重要です」

超高速楽習では、こうした小脳の性質を活用した反復学習をカードを使って行ないます。こうすることによって、人生に必要なさまざまな「型」が、スムーズに子どもの小脳に入っていきます。

EESのカウンセラーがサンプルとして作ったイラストカードをお見せしましょう（153頁参照）。

定着させたいことや、「これは楽しいことなんだ」と覚えてほしいこと、やってはいけないこと（大きく目立つ×印を入れるなどして、ダメであることを示すようにします）などをイラストや写真にしてカードを作り、子どもに見せます。くり返し見せていると、自然に小脳に定着していきます。

学習ホルモンを活用する

1日30分、超高速楽習を行なうだけで、十分すぎるほどの学習効果が出ます。たとえば、幼稚園児に古典文学の暗唱をさせると、喜んで覚えてしまいます。古典は美しい言葉の連なりですが、右脳が優位に働いている幼児の聴覚には、美しくて楽しい刺激として感じられます。

超高速楽習によって「学習ホルモン」と呼ばれるセロトニン、ドーパミン、オキシトシンの分泌が活性化していると考えることもできます。篠浦先生は、学習の合間に次のようなことを意識的に行なうとホルモンが増えるだろうと述べておられます。

・セロトニン（分布は脳全体）：「日光をあびる」「リズミカルな運動をする」「睡眠をしっかりとる」ことで増える

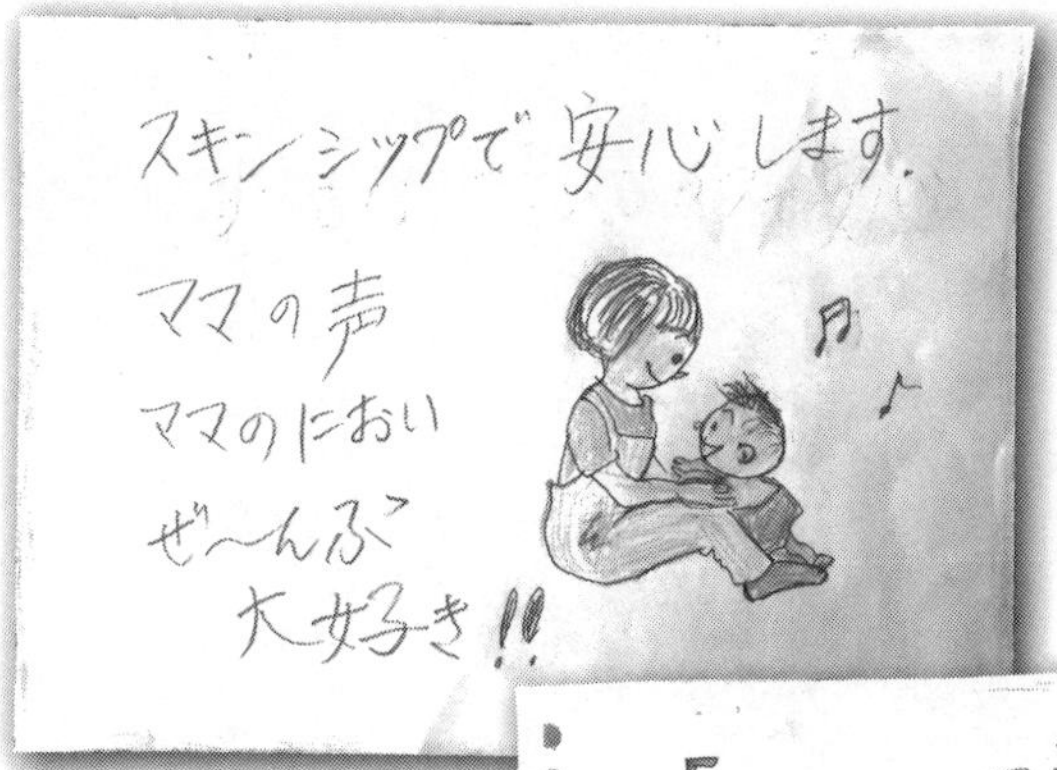
スキンシップで安心します。
ママの声
ママのにおい
ぜ〜んぶ
大好き!!

『こーちょ
こちょ こちょ!!』
ユーモラスに♪
くすぐる
ふりを
するだけでも
楽しく ゆかいに。
トレーニングは たのしく♪♪

ママは
口角上げて〜 笑顔で
スタート
脳がだまされて
笑っていると活性化。

・ドーパミン（分布は報酬系）
「小さな目標でもいいので何かを達成する」「音楽を聴く」ことで増える
・オキシトシン（分布は視床下部）：好きな家族や友人と、食事やスポーツ、会話をすることで増える

脳の体力を強化する

脳の健康状態の改善方法についても、お話しすることにします。

子どものトラブルの原因は、何より脳で起きていることは、これまで述べて来たとおりです。ですから、それを解消してあげるためには、そもそも脳の健康状態そのものを高めるために、脳への栄養について考える必要があります。

身体に栄養がうまく行き渡っていないと、さまざまなトラブルが起きます。脳も同じです。とくに脳は非常に多くのエネルギーを消費する臓器です。成人の場合ですと、人体全体の20～30％のエネルギーを消費するといわれています。

そのエネルギーを脳に供給するために重要な役割を果たしているのが「第二の脳」ともいわれる腸です。腸での異常は脳にも深く影響すると考えられます。ですから、子どもの脳のトラブルを改善するには、食事を改善することも重要なのです。

たとえば、アレルギーは腸での異常反応で起こるといわれていますが、その原因物質とされる牛乳のカゼインや小麦のグルテンをできるだけ控えてみるのもよいでしょう。また、卵に含まれているレシチンは脳の働きに必要な栄養素ですが、良質な卵を摂取するのが難しい場合は、卵は控えめにしてサプリメントを用いてもよいでしょう。

アレルギーは腸の機能にも大きく関わっています。じつのところ、お母さんが育てにくいと感じている子どもたちの多くが、便秘などの腸のトラブルや偏食の問題を抱えていることが多いのです。ところが、お母さんの関心は言葉や行動の発達にばかり目が向きがちで、食生活の問題に気づいていません。

脳の神経回路の発達には、「アセルチルコリン」と「糖鎖」という栄養素が大きな役割を果たしています。アセルチルコリンの原料は、低分子のレシチンです。レシチンや糖鎖栄養素を多く含む食品を意識的に摂るようにしてみてください。

食事を改善して便秘が解消されたり、アレルギー症状が快方に向かってきたりすると、子どもの改善スピードが早くなる事例も多々ありますので、食生活はぜひ見直してください。

「第二の脳」である腸も脳に重大な影響を与える

腸は「第二の脳」と呼ばれることもありますが、実際に、脳にどのような影響を与えるのでしょうか。篠浦先生は次のように述べておられます。

「小腸の腸内細菌が正常な良い状態でなければ、脳機能が低下してうつなどの精神疾患になったり、学習障害、記憶障害、社会性の低下を起こしたりするという研究結果が報告されています。

また、腸内細菌はセロトニン、ドーパミンを多く産生していて、これが脳機能に影響しているとも考えられているようです。

ここからは私の推測ですが、腸で善玉菌が増えて良い状態になると、その良い波動が脳に伝わって脳が良い方向に働くのではないでしょうか。逆に、悪玉菌が増えるとその悪い波動が脳に影響を及ぼして、さまざまな精神疾患になることもありうるのではないかと考えています」


脳の障害には「腸もれ（リーキーガット）」も関係しているかもしれません。腸もれとは、腸のバリア機能が低下して、本来はもれ出すはずのない未消化物や老廃物、微生物の成分などが腸から血管内にもれ出し、血流に入ることで、アレルギーなどを引き起こすという症状です。

これについて、篠浦先生は次のようにお話しされています。

「私は脳の専門家であって腸の専門家ではないので、『腸もれ』が本当にあるかどうか、そして食事で改善されるかどうかについては確信がありません。しかし、E

ＥＳによるたくさんの発達障害児の改善事例を見ますと、カゼインやグルテンを取り除いた食事をすることにより、その症状が改善したという報告が数多くあります。

成長過程でいまだに脆弱である子どもの腸にカゼイン、グルテンが大量に入ることで、消化が困難になり炎症を起こして腸粘膜のバリアーが壊れ、腸からこれらが血液内に吸収され、はては脳に炎症などを起こしている可能性はあると思います。

いずれにしても、実際に臨床現場で発達障害の症状が改善している事実から、腸内細菌を正常化させることは、重要な治療法だと考えられます」

7章

右脳と左脳の働きを活用する

右脳と左脳の機能の違い

（以下はすべて篠浦）

さて、本書ではたびたび右脳と左脳という言葉が登場しますが、右脳は感性の脳、左脳は論理の脳とよくいわれます。

確かに右脳と左脳の機能には違いがあることを、私は脳の覚醒下手術を通して確認しています。たとえば、右の前頭葉の手術をしていますと、それまで普通に会話できていた患者さんの集中力が急に低下して眠くなったりすることがあります。逆に、左の前頭葉の手術をしているときには、数字を逆に言うだけの簡単なことを面倒がったりすることがあります。

脳に障害のある患者さんを観察していますと、右脳に障害のある方は、なんとなく活気がありません。知的なことは問題なくできますが、料理などをすると時間がかかったりします。

左脳に障害がある方は、気分が高揚するとよくしゃべり抑えが効かなくなったり、急に怒りっぽくなったりします。

このように、右脳と左脳が異なる働きをしていることは明らかです。しかも、人によってこの右脳と左脳の使い方に偏りがあります。私は、右脳と左脳の両方をバランスよく使うことが大事であると考えていますが、そのうえで、左脳より右脳を優先的に使うほうが人生をスムーズに生きられると考えています。なぜなら、現実に、より対応しているのは右脳だからです。

左脳は、現実を言語化し、現実を切り取って固定しています。それによって現実から学ぶことが容易になりますが、その地点でとどまってしまうと、脳の認識が現実から離れていってしまいます。

常のこととして、言語より現実のほうが複雑です。ですから、言語脳である左脳にバランスが偏ると、脳による理解が現実にそぐわなくなるのです。左脳で現実を言語化したら、右脳でさらに複雑な現実を学び、それを再び左脳で言語化します。このことをくり返すことが必要なのです。左脳と右脳をらせん状に使って脳を進歩させることをイメージしてみてください。

そして最終的には、右脳つまり現実が上である（優先される）と認識することが重要です。

また、右脳は、左脳が言語化できない波動を感じる脳だと私は考えています。ですから、自然の中で友達と遊んだりすることを通じて、自然や友達から良い波動を感じる体験も、子どもの脳の発達には必要だと思います。

親も同様です。左脳よりも、右脳的な認識の重要性を意識して、子どもとまず共感することから始めるべきだと思います。それがうまくいかないと、大きくなった子どもと親との間で、悲惨な事件がしばしば起こります。

たとえば、農水省の事務次官が、40代の息子を殺してしまった事件がありましたが、あの事件は、親が左脳に傾きすぎたばかりに、子どもに共感できなかった悲劇だと私は感じています。

両親の脳タイプに注目

先ほども述べたように、左右の脳の機能が明らかに違っているという確信は、私が長年、「覚醒下手術」を行なってきた経験によって得たものです。そのうえで、人によって脳の使い方が左右どちらかに偏っていることもわかってきました。つまり、人は左脳型タイプと右脳型タイプに分けられるのです。

お母さんが左脳型タイプであるか、右脳型タイプであるかがわかると、子どもに対して、自分の脳の特性を生かしたアプローチができるようになります。その結果、子育てがそれまでよりもずっと楽になることを提案したいのです。

左脳型タイプの特色は、「理性の脳」を優先的に使う点です。このタイプの方は、人や物の境界をはっきりさせることに快感を覚えます。たとえば、西洋人は個人と個人の境界が明確で、自己主張も強いですが、こうした性質は左脳型といえます。また、攻撃的な傾向も見られます。

一方、右脳型タイプの特色は、「関係性の脳」を優先的に使う点です。人や物の境界をできるだけなくすことを心地よいと感じます。全体の調和を重視しますが、その反面、何か問題が起こると逃避的な傾向を示します。どちらかといえば、日本人は全般に右脳型といえるでしょう。

お母さんについていえば、最近の傾向として左脳型タイプが増えてきているように思います。このタイプのお母さんは、一つひとつのことをきちんと遂行する、まじめで賢い人が多いようです。たとえば、電車のなかで子どもが騒ぎ出したりすると、がまんさせたり、じっとさせたりしようとします。それでも子どもがおとなしくなってくれないと、周囲の目を気にして「迷惑をかけてしまう、どうしよう」とストレスを感じてしまいます。

一方、右脳型のお母さんは、子どもの背中や頬を撫でたり、よしよししたりと、スキンシップで解決する傾向があります。そして、それでもおさまらないようなら、非常に現実的な一面を持っていますので、電車を降りてしまいます。

このように、お母さんの脳タイプの違いによって、対応の仕方も、そして何がストレスになるかも違ってくるものなのです。とくに左脳型のお母さんは、こうしたことがわかるだけでも、子育てがけっこう楽になることが多いようです。このタイプのお母さんは、一度理解して納得すると、すぐに自分のやり方に取り入れることが得意だからです。

左脳型タイプと右脳型タイプに分けてお話ししていますが、もちろん誰の脳にも右脳的な働きと左脳的な働きの両方が備わっています。大切なのは、自分の脳の使い方の癖を知り、そのために陥りやすいやり方を少し変えてみることです。それによって、左脳型タイプなら、右脳をうまく使えるようになりますし、右脳型タイプなら左脳もうまく使えるようになります。

本書でこれまで述べているように、子どもは一定の年頃までは右脳が優位に働きます。右脳型タイプのお母さんは子どもとのコミュニケーションで、五感に働きかけるような話し方をする人が多いでしょう。たとえば、子どもとのコミュニケーションをする際に、オノマトペ（「パシャパシャ」「シャキッ」などの擬音語や擬声語）を多用したりします。そうしたアプローチは、右脳が優位なお子さんにはスッと入りやすいといえます。

左脳型のお母さんは、どうしても言葉で伝えがちという面があります。しかし、右脳優位の段階にある子どもには、その言葉はスムーズには入っていきにくいと思います。

両親が自分の脳のタイプを知ると、それだけで子どもとのコミュニケーションが変わってきます。この章の最後に、簡易型の脳タイプ診断と、その特色を紹介しましたので、ぜひ、ご自分の脳タイプをチェックしてみてください。

両親揃って左脳型というご家庭のケースをご紹介しましょう。高校生のお嬢さんは高校進学時に引きこもってしまいました。じつは、彼女には発達障害があったのですが、そうとは気づかず、周囲の生徒たちと違う振る舞いをしたことがきっかけだったようです。

両親とお嬢さんに脳タイプ診断を受けてもらったところ、両親は左脳型、お嬢さんは右脳型と診断されました。それぞれのタイプの特性を知ったお父さんは、ようやく過去の娘の行動を理解できたそうです。

右脳型は、五感によるコミュニケーションが得意であることを意識することからスタートして、お嬢さんが好きなこと、望むことをご両親と一緒に体験するようにしたことで、コミュニケーションが改善され、心療内科で処方されていた薬も使わずに過ごせるようになりました。

脳タイプを理解してアプローチすることは、子どもが何歳になっても遅いことはありません。本書をお読みになったお母さん、お父さんには、ぜひ、自分の脳タイプを知り、その特性を自分の武器（強み）としてほしいと思います。それが、お子さんの安心感につながり、お子さんを守ることにもなります。

脳科学に基づくタイプ別相性診断

私の発案した脳タイプでは、脳の情報処理の仕方の違いによって「右脳2次元」「右脳3次元」「左脳2次元」「左脳3次元」の4つに分類しています。

ここで、簡易版ですが、読者の皆さんに自分の脳タイプを知るための診断テストを試してもらいましょう。次の説明に従って、各脳タイプにある項目に点数を記入し、自分がどのタイプの特徴を持っているのか確認してみてください。

脳タイプ診断テスト

「左脳3次元」「左脳2次元」「右脳3次元」「右脳2次元」のそれぞれにある項目を見ながら、当てはまるものは2点、どちらでもないものは1点、当てはまらないものは0点で採点する。ひと通り採点したら、各タイプの点数を合計する。そのなかで合計点数がもっとも高いものが、あなたの脳タイプに該当する。

合計点数が同じになった場合は、2つのタイプの特徴を備えているということになる。また、点数が1点差など僅差の場合も同じ。点数が多いほうのタイプの特徴を強く持っているが、もうひとつのタイプの特徴も持っていることになる。

【左脳3次元】

・冷静に理路整然と話をするほうだ。（　）
・チームの責任者に向いていると思う。（　）
・いわゆる根回しのような活動は苦手だ。（　）
・自分は大器晩成型だと思う。（　）
・即断即決を求められるとストレスを感じる。（　）
・自分が無駄だと思うことは絶対にしたくない。（　）
・自分の実績を数値化することが自信につながる。（　）
・自分の感情は表に出したくない。（　）
・一人で本を読んだり考えたりすることが好きだ。（　）
・宴会で自分の席から動くことは普通はしない。（　）

合計　　点

【左脳2次元】

・強く信じている主義や信念がある。（　）
・規則には忠実に行動したい。（　）
・「君の言うことは正論だが」とよく言われる。（　）
・「怒り」の感情が原動力になることがある。（　）
・ルールや原理原則を守っていると安心感がある。（　）
・小さなことでも気にかかることが多い。（　）
・自分の考え方を他人に当てはめて責めてしまうことがある。（　）
・普段は物静かだが、追い込まれると激情に駆られることがある。（　）
・自分が予測できない事態になるとひどく不安になる。（　）
・喋り方に抑揚がなく声が小さい。（　）

合計　　点

【右脳3次元】

・常にテンションが高く、声が大きいほうだ。（　）
・エネルギッシュだと言われる。（　）
・人を説得するのは得意である。（　）
・交友関係は広いほうだ。（　）
・何か挑戦するものがあるとエネルギーが出る。（　）
・成功して有名になり、周囲の注目を浴びたい。（　）
・政治的に動くのは得意だ。（　）
・過去の失敗は大抵忘れて、成功例しか思い出せない。（　）
・人と違うことをやりたいといつも思っている。（　）
・楽しいことが人一倍好きだ。（　）

合計　　点

【右脳2次元】

・世話好きで困っている人を放っておけない。（　）
・大きな団体よりも小グループのほうが落ち着く。（　）
・人に感謝される仕事をしたい。（　）
・白黒をはっきりつけるのが苦手だ。（　）
・仁義や筋を通すことが重要だと思っている。（　）
・人に会うとまず喜ばせたいと思う。（　）
・自分のことは後回しになることが多い。（　）
・自分の関わった人や教え子・部下が育つことほど嬉しいことはない。（　）
・人間関係が重荷に感じることがある。（　）
・過去を思い出すと悲しいことがたくさんあったと感じる。（　）

合計　　点

自分の脳タイプの特性を知って子育てに活かす

○「左脳3次元」は物事を俯瞰し、その本質を掴もうとする特性があります。そのため、本質を見るスピードや考え方の変化が早いという特長もあります。目的・目標が明確で、結論から考え始めます。

合理性にこだわるタイプで、情動的な関わりは苦手です。

○「左脳2次元」は、ある物事にのめり込んで深く執着し、研究するタイプで、原理原則にこだわります。物事や考えを整理整頓することを得意とします。

○「右脳3次元」は、広い空間を自由に早く動き回ることに喜びを感じ、空間を拡張したがり、楽しいことや刺激を求める傾向があります。思考と発言が同時で、周囲を巻き込む力も強く、常に自由で広い世界に飛び出て、いろいろなところで人間関係を育みたいと思うタイプです。

○「右脳2次元」は、接する相手に愛情を注ぎ、トコトン尽くします。相手に合わせて主体性を失いがちになることも多いでしょう。身近に接する人たちと濃い人間関係を作るタイプです。

脳タイプには「次元」という言葉が使われています。ここでは視覚的な情報の処理に注目して、ざっくりとお話ししておきましょう。

人間の脳のメカニズムでは、視覚情報は主に右脳が処理しますが、まず、目から見た情報はそのまま後頭葉に入ります。つまり、見たままの情報です。これはすべての大本になる情報ですから、この処理を「1次元」と定義します。

次に、後頭葉に集まった情報は、側頭葉の内側に記憶として蓄積します。このときに、扁桃体によって、記憶に情動を付け加える作用が行なわれます。

人間関係でたとえますと、「Aさん」に会ったとき、その視覚的情報に「好き」

「きらい」「感じの良い人」などの情動が加わるということです。このように感情が動いて記憶に加わった結果、「Aさん」の情報の一部分がより際立ったり、興味を持った部分に対してより深く知ろうという感情が生まれたりします。こうした脳の処理を「2次元」と定義します。

さらに、2次元で処理された情報は、前頭葉や頭頂葉に集められて、情報全体の中での優先順位をつけながら処理されていきます。先ほどの「Aさん」の他に、「Bさん」「Cさん」がいた場合、それらの人たちとの人間関係の深さや、仕事上の関わりの重要度、そしてもちろん好き・きらいなどの感情面などを総合的に考えて、その人のために費やす脳のスペースや考える時間の長さなどを相対的に考えていくわけです。この段階の脳の情報処理を3次元と定義します。

脳タイプがわかると、相手との相性もわかってきますし、親が自分の脳タイプを知ることで、子どもと接するときの注意点も見えてきます。

次の表は、相性早見表です。脳タイプごとに整理しておきますので、ぜひ参考にして、ご夫婦の関係や自我がはっきりしてきたお子さんとの関係の改善にお役立てください。

○左脳３次元

左脳３次元は本質に興味があり、それに心底納得すれば、その本質を元に合理的に動こうとするタイプです。

その特徴を生かすには、まずこの本を納得するまで何度も読んでください。また鈴木先生の出版した他の本も読んでいただき、ＥＥＳメソッドが実際に結果を出していること、また、その結果の背景にある脳科学的な根拠に心の底から納得することが肝要です。

そして、ＥＥＳメソッドの各項目をチェックしながら、現場に起こったことを毎日記録し、その背景にある本質を考えるようにしてください。

脳のレベルの高い仲間や指導者と議論することもプラスになります。そうすると、発達障害の改善には、愛情や魂が大事であることにおのずと気が付くはずです。

相手＼自分	左脳2次元	左脳3次元	右脳2次元	右脳3次元
右脳2次元	× 頑固な左脳2次元と相手をいつも立てる右脳2次元は理解不能な関係になりがち。相手の重要性を理解すれば、尊重しあえるはず	◎ 孤独になりがちな左脳3次元と情が深い右脳2次元はいい関係。右脳2次元を大切に扱うことで居心地がよくなり、より関係が深くなる	○ 同じタイプなので居心地はいいが、優柔不断で厳しい局面には弱い。厳しい決断ができるようにすると進歩した関係を築ける	○ 右脳2次元のことを振り回しがちだが、右脳2次元の価値の高さを理解し、相手を尊重して学べば、大きな財産になる
右脳3次元	△ 狭い範囲にこだわる左脳2次元と、エネルギッシュな右脳3次元は同じ方向に向かっていけば強力なパワーを発揮	× 本質を追究する左脳3次元と勢いで広がっていきたい右脳3次元は水と油の関係。相手の特徴を理解して尊重することが大事	△ 右脳3次元が本質的なことに向かうよう導くことでお互いにいい方向に向かう。最初から深入りすると振り回されるので注意	○ お互いエネルギッシュ。いいライバルでもあり、尊敬しあえる関係になる
左脳2次元	○ 自分の中にこだわりがあっても、お互い目指す方向は同じなので、うまくやっていくことができる	△ 左脳2次元のこだわりを否定せず、広い心で接し、そのこだわりの中に自分にとってプラスになるものを見つけ、共にのばす努力が必要	× 左脳2次元のことが感覚的に理解困難。時間をかけ、根気よくサポートしてあげることでいい関係を築けるようになる	△ 左脳2次元のこだわりが理解できないが、方向性が一致すれば強い力を発揮する関係になる。相手を理解することが必要
左脳3次元	△ 左脳2次元から見た左脳3次元はいい加減に映りやすいが、左脳3次元を助け、左脳3次元が考える本質的な方向を共に目指せば競争力の強い集団がつくれる	◎ お互い幅広い知識を持ち、分析に優れている。物事を決断する相談相手にはうってつけ	◎ 大きな壁にぶつかりやすい左脳3次元を必死に支えてあげ、本質を見る視点を教えてあげるとさらに強い信頼関係が築ける	× 左脳3次元の要領の悪さが気になり、理解できないところがあるが、同じ目標を持ってそれぞれの得意な役割を果たせば、お互いの存在が力になる

○左脳2次元

左脳2次元は、細かなシステムを構築したり守ったりすることが得意です。その点EESメソッドは、細かな項目をチェックしながら発達状況を数値化できるので、すごくやりやすいはずです。EESメソッドを実行するには、いちばん向いているタイプかもしれません。

ひとつ気を付けることは、鈴木先生がおっしゃるとおり、完璧を目指さないことです。発達障害の改善は一朝一夕にはいきません。もしうまくいかなくて少し疲れたなと思えば、子どもと遊園地に行ったりして、自分も子どもも気分を緩めるようにしてください。会うとほっとできるような友人も大きな助けになります。根をあまりつめないようにリズムよくやっていきましょう。

○右脳3次元

右脳3次元は、エネルギッシュに行動することが得意です。決められたことを守るのはあまり得意ではないかもしれませんが、極力EESメソッドに沿った形で自分の創意工夫も加えていけば、楽しく実行できるはずです。

時間と余裕があれば、子どもを連れて山や海の自然の中で遊んでください。自然の懐に入ることで、発達障害の子どもの脳の回路が癒されていき、自然といい方向に向かうはずです。

自分なりに工夫し楽しんで、ＥＥＳメソッドに取り組んでください。そして、自分のもつ情熱や行動力を子どもにも伝えてください。

○右脳２次元

右脳２次元は、相手のことを思いやる心が強いので、発達障害の子どもの魂と触れ合うことは自然にできるタイプでしょう。逆にいうと、発達検査表に従って厳密にやるのは苦手かもしれませんが、師匠や仲間をつくって励まし合いながらやってはいかがでしょうか。人から学ぶことでさらに多くの気づきが得られます。

右脳２次元はどうしても自分のいる世界が狭くなりがちなので、左脳のレベルの高い友人から学ぶのもいいでしょう。そうすることで、〝現場に強い〟自分の幅がさらに広がり、子どもの細かな変化にまで対応できるようになるでしょう。

最後に4タイプに共通するポイントを述べます。それは、子どもの扁桃体・報酬系をあまり活性化させず、子どもが社会に出てからどう社会に貢献できるかという長期的な視点で接することです。

親が扁桃体や報酬系で動く、つまり好き嫌いという感情で動くことは、子どもの扁桃体・報酬系を活性化し、発達障害の改善の足を引っ張ります。親が子どもに、脳のいい使い方を身をもって見せることが最高の教育になります。

8章

子どもの小さな変化を見える化する「発達検査表」

親の仕事は子どもをよく見ることから始まる

（以下はすべて鈴木）

4章でお話ししたように、親の仕事は子どもをよく見ることから始まります。そして、その仕事は、親業ではなく、親修行です。子どもを幸せにするための修行をするのです。

その修行は子どものことをよく見て、ほめることのくり返しです。仏教など宗教上の修行は、よく100日（約3カ月）を単位にしていますが、これにも意味があります。100日がんばれば、多くのことが変わっていくからです。

たとえば、

「楽しくがまんできました」

と、1日100回、100日間言い続ければ1万回になります。ここまで行なえば、子どもの小脳に固定化されます。習慣化するので行動も変わります。そうすると、人格も変わってきます。

ほめ言葉も100日間言い続ければ、自信としてちゃんと子どもの小脳に固定化されます。

どうほめればよいのかわからなければ、この章でくわしくお話しする「発達検査表」で△がついた項目をそのまま読み上げればよいのです。

「言葉がどんどん出てきたね」

「我慢ができるね」

「トイレでおしっこができるね」

……

どんどん言っているうちに、できるようになります。また、言葉を聞いている子どもだけでなく、言っているお母さん自身も、子どもの可能性を信じられるようになります。

見るということは、子どもの変化に気づくことでもあります。どんな小さなことでも良いので、子どもの変化を探すようにしてください。

実をいえば、「発達検査表」は子どもの変化に気づくための仕掛けでもあります。検査表にチェックを付けようとすると、親は無意識に印をつけたくなり、「どこか印を付けられるところはないか？」と探すようになります。ですから、普段子どもを見ているときよりも、ずっと熱心に子どものことを見るようになります。

しかも、検査表のデータを見ることで、子どもの様子を客観的に見られるようになります。

発達検査表は子育ての最強の助け

本書には、専門知識がない一般の読者の方でも、お子さんの発達度をチェックできるよう、項目を絞った普及版の検査表を掲載しています。

完全版の５７６項目の半分にあたる２８８項目があり、社会面、言語面、知覚面、身体面の各分野が72項目ずつになっています。項目数だけで見ると、これでもかなり多く感じられるかもしれませんが、6歳（月齢72カ月）までに、子どもの脳の回路を形成するために必要な基礎能力が網羅されています。

子どもが6歳になって、検査項目の95％に○印がついていれば（到達度95％）、子どもが成長していくために必要な脳の回路形成は完了しているとみなすことができます。

また、到達度が80％以上であれば就学時は普通級の対象です。79〜50％であれば支援級、49％以下であれば支援校の対象となるという、大まかな目安にもなります。

この発達検査表をチェックする作業によって、お母さんは6歳までに子どもが獲得すべき基礎能力がより具体的に見えてきますし、今後、子どものどのようなところを伸ばしていけばいいのかも見えてきます。

じつは、この発達検査表のもっとも重要な目的は、検査結果よりも、親が子どもの状態を正しく把握し、子育ての目標を正しく設定して取り組むことにあります。つまり、発達検査表を使って子どもに働きかけること自体に大きな価値があるのです。

お母さんはより客観的に子どもの発達度合いを理解できるようになり、漠然と感じていた不安が軽減します。また、近々改善できそうな課題（△印）も見えてくるので、わが子にも、今すぐにできることがたくさんあると気づかされます。

何より、お母さんの意識次第で子どもの見え方がまったく変わることに気づかされるでしょう。その結果、お母さんの子育てにかける時間やエネルギーを無駄にしなくてすみます。

発達検査表を初めてチェックしたとき、あまりにも空欄が多くてがっかりしてしまうお母さんがいます。しかし、取り組みを始めて2週間くらい後に、もう一度チェックしてみると、○印ではないかもしれませんが、△印の数が確かに増えていることに気づきます。大丈夫です。△印の数が増えているということは、子どもが着実に成長している証です。どうぞ、安心してください。

従来の発達検査表では子どもは伸ばしきれない

医療機関や行政の機関では、「乳幼児分析的発達検査表」などが用いられています。こうした検査表だけでなく、世間一般でも子どもの発達を、月齢ごとにできること・できないことだけで把握する傾向があります。しかし、これは大変な誤解です。

そうではなく、目の前にいる自分の子どもの脳の回路がどのように形成されていっているかを把握することこそが重要なのです。

月齢ごとにできることの項目はどの検査表もおおよそ似ていますが、内容や目的は似て非なるものです。本書で紹介しているEESの発達検査表の最大の特徴は、わが子の脳の発達特性（成長特性）を調べることに主眼があることです。

できる項目は何か、もうちょっとできそうな項目は何か、その変化を見ることで、〝わが子〟の脳の発達特性を知ることができます。〝ほかの子ども〟と比較しても意味がありません。

また、EESの発達検査表は、少しずつ難易度が上がっていくように並んでいますが、難易度の順番は重要ではありません。あくまでも子どもの傾向や、到達できている項目を把握するためにチェックします。

もうひとつ大きな特徴は、△印をつける欄はあるが、×印をつける欄はないことです。これは、全ての項目に△印がついて、やがて○印になることを目ざしているからです。子どもが伸びる可能性をどこまでも肯定的にとらえるための仕掛けなのです。

順調に成長しているように見える子どもでも、必ず伸び悩むことがあります。一度うまくいかないことがあるだけで不安になり、わが子の可能性を信じられなくなる親御さんもいます。そのうえ、そこで×印を付けてしまっては、わが子の可能性を否定することになってしまいます。1回でもできたら、親は子どもの可能性を親バカになって信じ切り△印をつけてよいのです。その後8割できたら○印をつけます。

子育ての禁止用語は、

「早く」

「ダメよ」

「何をしているの」

と、子どもを焦らせてストレスを与える言葉です。

△印表記は人類の未来を救う大発見！

発達検査表を使っていると、△印を○印にすることにこだわりすぎてしまうお母さんもいます。こうなると視野が狭くなってしまい、それまではゆったりと構えていたのに、子どもを急《せ》かすような言葉をついつい発してしまいがちになるのです。これでは、脳の回路の形成が停滞してしまうことになりかねません。

そんなお母さんには、○印を増やすことよりも、△印を増やすことを心がけましょうと話しています。△印を増やすように心がけると、子どもは次々と新しい項目に取り組むことができ、ストレスにならないからです。できないことを延々と続けていやになってしまうことも防げます。

新しい項目へ取り組むとき、その項目がもう少しでできそうなら、思い切って△印をつけてください。子どもはどんどん新しいことにチャレンジできることで楽しくなり、「お母さんと一緒にもっと頑張ろう！」という気持ちを持ちやすくなるのです。

こうして△印を増やしていきながら、その△印の中でできる確率が高いものを優先的に選んで取り組むことで、○印の数も自然に増えていきます。80％までできるるようになれば、○印です。

なお、成長スピードを把握したい方は、欄外などに○印や△印がついた日付を書き込んでおくと便利です。

脳が著しい成長を遂げる10歳までの時期は、時間との戦いでもあります。その点でも、発達検査表の△印の項目に積極的に取り組むことはとても効率的です。最初から空欄を○印にしようとして、無駄な時間をかけているより、△印が付いた項目を○印にするほうが、時間がかからないからです。子どもにしても、たとえスモールステップであっても、ハードルを乗り越える達成感を味わえます。

このようなＥＥＳの発達検査表の特徴について、篠浦先生は、

「子どもの発達全般を細かく点数にして、『見える化』する点がたいへん優れていると思います。脳全体を発達させるために、次に何をすれば良いのかが一目でわかり、時間の無駄がなく成長を確実にサポートできるという利点があるからです」

とおっしゃっています。さらに

「○印だけでなく△印を表記するＥＥＳの発達検査表は、人類の未来を救う鈴木先生の大発見です。ＥＥＳメソッドこそが子どもの未来をつくる助けになると考えています」

と期待してくださっています。

データ化して変化を見られる

ＥＥＳメソッドで用いる発達検査表の各項目には、専門用語をまったく使っていませんから、日常生活でお母さんがお子さんのことをよく観察すれば、簡単にチェックできるようになっています。

その結果は即時に数値としてもデータ化されるので、どんな小さな子どもの変化も反映されます。

お母さんは、どんな専門家よりもわが子のことを、普段から観察しています。そのお母さんの感覚や観察眼を生かして、お子さんの発達をサポートできることこそが、この発達検査表の最大の特徴です。

「うちの子はちょっと育てにくいな」

「なんだか発達が遅いような気がするな」

と不安になったとき、子どもをどうすればよいのか、お母さんにはなかなかわかりません。でも、この検査表を使えば、子どものどの部分の発達が遅れているのかが簡単に把握できますし、今はどの部分を伸ばすのがいいのかも具体的にわかります。

さらに、時間の経過に対する子どもの変化が、データを見ると一目で確認できるので、お母さんとしても、お子さんとしても自信につながっていきます。

これが発達検査表の具体的な使い方

全体の流れ

①検査表をコピーする

本書にある検査表（195頁~206頁）をコピーして、いつも手元に置いたり、部屋の目につきやすいところに貼り出すようにしましょう。

②基本情報を書き込む

1枚目の表にある子どもの氏名、生年月日、記入者、記入日の書き込み欄に記入します。

③1回目のチェックを行なう

子どもの様子を思い浮かべながら、全項目についてチェックし、該当する項目には○印か△印を記入します。

④定期的にチェックを行なう

最低でも2週間に一度、できれば1週間に1度のペースでチェックする曜日と時間を決めておき、必ず記入するようにしてください。207頁の「スケジュール管理表」を使ってもいいでしょう。

⑤2回目からは△印の項目と空欄のみをチェック

2回目からは△印の項目と空欄（○印や△印がついていない項目）だけをチェックし、もう少しできそうな項目には△印を、できるようになった項目には○印を書き込んでください。

お子様氏名			
生年月日	年	月	日
記入者			
記入日	年	月	日

△印	○印	社会面の検査項目１
		人の顔をじっと見つめることがある
		あやすと、にっこり微笑む
		顔を動かして周囲を見渡すしぐさをする
		人を見るとにこっと笑うことがある
		そばに人が居なくなると不安そうになって泣く
		複数の人の中から母親を捜せる
		人見知りをすることがある
		母親と外に出ることを喜ぶ
		手に触れたものを口に入れようとする
		テーブルの上のものが気になって取ろうとする
		寝る時間、起きる時間が安定している
		小動物や動くオモチャに興味を示す
		手に持ったオモチャを大人に手渡しできる
		欲しい物があると近くの人に伝えることができる
		人形や動物のぬいぐるみで遊ぶことを喜ぶ
		赤ちゃんを見ると近づいて触りたがる
		「～を持ってきて」と言うと、お手伝いしようとする
		自分で上手くできると、パチパチと手をたたいて喜ぶ
		「ダメ」と言うと、ふざけてもっとやろうとする
		何かしたいことがあると、手を引っ張ったりして気を引く
		自分のしたいことには集中して続けることができる
		大人をまねてお手伝い(テーブルを拭くなど)の真似事ができる
		トイレに誘うと２回に１回はオマル(トイレ)で排泄できる
		おしっこをする前や、出た後にそのことを教える

△印	○印	社会面の検査項目２
		欲しい物があっても、言い聞かせれば我慢できる
		怒られそうになると、大人の注意をそらそうとする
		自分が、男の子か女の子かわかっている
		添い寝をすれば一人で寝られる
		一人でもシャツを脱ぎ着できる
		靴を一人で履くことができる
		食事の後片付けを手伝うことができる
		歯磨きの後、自分で口をすすぐことができる
		友達とケンカしたことを言いつけに来る
		他人と、物を貸したり借りたりできる
		ブランコなど遊具で遊ぶとき自分の順番を待てる
		信号の色の決まりがわかる
		一人で服の着替えができる
		ほとんどこぼさないで自分で食事ができる
		兄妹や他の子と自分を比べて嫉妬することがある
		家事のお手伝いができる（洗濯物を運ぶ、食事の用意など）
		服が汚れたら自分で着替えられる
		お腹が空いたとか、眠いとかを言葉で伝えられる
		自分の好きなオモチャや服があると自慢する
		脱いだ服をきちんと畳むことができる
		買物をするにはお金を払うなどの社会ルールがわかっている
		バスや電車で空席が無いときは我慢して立つことができる
		トランプ遊びで大人と一緒に遊べる（ババ抜きなど）
		体が汚れたら自分できれいにする（手足を洗う、鼻水を拭うなど）

△印	○印	社会面の検査項目3
		どんなに夢中で遊んでいてもオモラシをしない
		信号の意味など交通ルールがわかる
		危険な遊びなど、していいこととイケナイことを区別できる
		一つのことに集中して取り組むことができる
		ジャンケンのルールが理解できている
		遊びのルールを理解し守ることができる
		日常の挨拶がきちんとできる
		遊びに行くときは行き先を告げることができる
		自分の家族構成を理解している(父、母、兄、姉、弟、妹、私)
		電車の中など公共の場所でのマナーがわかる
		友達としばらくの間、仲良く遊ぶことができる
		歯磨きや着替えなど身の回りのことはひとりでできる
		年下の子に優しく接することができる(オモチャを貸す、仲間に入れる)
		友達から誘われても嫌なときはハッキリ断ることができる
		横断歩道を一人で安全に渡ることができる
		友達とケンカをしても、すぐに仲直りができる
		集団でやる遊び(すごろくやかるた)で、みんなと仲良く遊ぶことができる
		オモチャ遊びなど、友達と譲り合って使うことができる
		遊んだ後の片づけがみんなとできる
		物やお金を拾ったとき、どうしたら良いかがわかる
		集団生活のルールを理解し、実行できる
		一人で左右を間違わずに正しく、靴を履くことができる
		他人の物を壊したときはキチンと謝ることができる
		遊びや生活のルールを友達に教えることができる

お子様氏名
生年月日　年　月　日
記入者
記入日　年　月　日

△印	○印	言語面の検査項目1
		大きな声で元気に泣く
		状況によっていろいろな泣き方をする(空腹時など)
		母親の声を聞き分ける
		かん高い声を出すことがある
		親しい人の声を聞き分けられる
		「いないいないばぁ」に反応して喜ぶ
		音楽を聴かせると喜ぶ
		人の言葉を真似しようとする
		怒る、楽しいなどの感情を声で表現する
		「こっちに来て」と話しかけると反応する
		「～はどこ?」と聞くと、物がある方を見る
		「パパ」や「ママ」など意味のある言葉をひとつ言う
		興味があると「アー」と言って意思表示する
		「パパ」「ママ」以外に意味のある言葉を3語くらい発する
		「ちょうだい」と話しかけると渡してくれる
		本を読んでもらいたがる
		「一つ」や「たくさん」などの量の区別ができる
		耳・目・口の区別ができる
		自分の名前を呼ばれると「ハイ」と言う
		「りんご」「キリン」など親の言葉を真似ることがある
		身体の部位名を5つ以上言える(目、手、足など)
		2語文を話せる(「ワンワン、行った」など)
		「もう一つ」の意味がわかる
		したくないことは「イヤ」と言える

△印	○印	言語面の検査項目２
		一人でも絵本を楽しんで見ている
		絵本に出てくるものの名前を指さして言う
		動作を表わす言葉が理解できる(歩く、振る、持つなど)
		鼻、髪、歯、舌、へそなどの区別ができる(３つ以上)
		頼まれたことを理解して行える(机の上の本を持って来てなど)
		「きれいね」「美味しいね」などと感情表現ができる
		大人との会話ができる
		食前・食後の挨拶ができる
		親切にしてもらうと「ありがとう」と言える
		「〜だから」と因果関係を使って話ができる
		友達の名前を１人〜２人言える
		親しい人と電話で話すことができる
		「昨日」「明日」の意味が理解できている
		何に使うものか？　品物の用途を３つ以上言える
		１〜50までの数唱ができる
		指示されたことを3つ以上実行できる(「戸を開けて、皿を出して…」など)
		見たことを順序よく話せる(家から花屋さんを通ってスーパーへ行った、など)
		簡単な問いに正しく答えられる(「お父さんの車の色は？」など)
		１〜20の数字が読める
		反対語が５つ以上理解できる
		20までの数字で、一つ前の数字が言える
		生活体験を話せる(「動物園で象を見た」など)
		間違った文の誤りがわかる(「チューリップは食べ物です」)
		しりとり遊びができる(２人で５つ以上)

△印	○印	言語面の検査項目３
		幼稚園や保育所の先生の名前が一人以上言える
		「ピョンピョン」「てくてく」といった擬態語を正しく使える
		品物の名と用途を10個以上言える（掃除機、時計、茶碗など）
		家族全員の名前を言える
		やさしいなぞなぞ遊びができる（冷たくて白いものなあに？）
		童謡を３曲以上きちんと歌える
		反対語が10以上わかる
		自分の家の住所をきちんと言える
		複数の助数詞を使い分けられる（○個、○枚、○匹など）
		身体の細かい部位まで10個以上言える（睫毛、まぶたなど）
		幼児語をほとんど使わずに話せる
		０から５まで数字と物の数の対応を理解できる
		ひらがながほぼ読める
		「〜するもの教えて」と聞くと、3つ以上答えられる（書くもの、着るものなど）
		文の復唱が正しくできる（僕の顔には目が二つ、鼻が一つなど）
		カルタ取りができる（できれば読み手も）
		1〜100までの数唱ができる
		自分の誕生日（生年月日）・年齢を言える
		鳥、果物の名前を５種類以上言える
		20→１までの数唱（逆唱）ができる
		今日は何年・何月・何日・何曜日が言える
		物語本のストーリーが理解できる（昔話、童話など）
		１分間に言葉（単語）を20以上言える
		わからないことがあると辞書や図鑑で調べられる

お子様氏名
生年月日　年　月　日
記入者
記入日　年　月　日

△印	○印	知覚面の検査項目1
		手を握ったり、開いたりする
		動くもの（玩具や人など）を目で追う
		ガラガラなどを握る
		玩具を舐めて遊ぶ
		自分から手を伸ばしてオモチャを取ろうとする
		小さなものなら掴もうとする
		片方の手に持ったオモチャなどをもう一方の手に持ちかえる
		手に持った積み木を落としたり、拾ったりする
		両手に持ったオモチャを打ち合わせることがある
		手に持った物を放り投げることがある
		自分でストローを使って飲むことができる
		水や砂などの感触を楽しむことがある
		鉛筆を持ちたがる
		一人でコップから飲むことができる
		積み木を2個積み重ねることができる
		玩具を目の前で隠すと自分で取り出せる
		鉛筆を持って殴り書きができる
		コップからコップへと水を移すことがある
		引き出しを開けて物の出し入れができる
		シール貼りができる
		スプーンであまりこぼさずに上手に食べることができる（80％くらい）
		色の種類がわかる（赤・青・黄のどれか一つ）
		紐を穴に通すことができる
		ボタン（スナップ）をはめることができる

△印	○印	知覚面の検査項目２
		１枚ずつ本のページをめくることができる
		４ピースのジグソーパズルができる
		紙を細かくちぎることができる
		ネジのある蓋の開け閉めができる
		粘土をこねたり、伸ばしたり、ちぎったりできる
		お茶碗を片手で持って、もう片方の手でスプーンを使える
		手助けすると、ボタンはめができる
		ヒントを出すと答えられる（家の中で赤い物はなあに？　など）
		どっちが大きいか？　正しく答えられる
		顔の絵をそれらしく描ける
		上・中・下、前・後の違いがわかる
		○△□以外の形（長方形・楕円形・星形・ハートなど）が３つ以上わかる
		積み木を10個、積み重ねることができる
		親指から小指まで順に指を折ることができる
		縦・横の線をまっすぐ引くことができる
		指で２と３を示すことができる
		紙を四つ折りにできる
		ハサミで線に沿って切ることができる
		左と右の区別ができる
		紐を結ぶことができる（固結び）
		箸を正しく持ち、使うことができる
		ハンカチで物を包んで結ぶことができる
		「２番目に大きい」「３番めに長い」など順番がわかる
		５つの物を見せて隠すと、４つ以上答えられる

△印	○印	知覚面の検査項目３
		ピンセットで大豆を掴むことができる
		多くの図形の中から同じ図形を見つけられる
		ハサミで色々な形を切ることができる
		２つの物を見て大小・多少の違いが直感的にわかる
		一週間の曜日がわかる
		色の名称が10個以上言える
		折り紙の端をキチンと揃えて折ることができる
		粘土で人参やウサギを作ることができる
		同じ種類に分類できる（蜜柑と林檎、ウサギと牛など）
		午前と午後の違いがわかっている
		紙飛行機を自分で折ることができる
		手本を見て簡単な図形を描くことができる
		ハサミと糊を使って工作ができる
		絵描き歌に合わせて絵を描くことができる
		親子でアヤトリができる
		簡単な折り紙（兜、飛行機など）ができる
		順列のルールがわかる（○△□, ○△□, ○…）
		硬貨の種類がわかる（１円、５円、10円、50円、100円、500円）
		積んである積み木の個数がわかる（隠れている部分も含めて）
		何時かがわかる（12時、３時、５時など）
		ブロックで形ある物（家や自動車など）を作れる
		似た図形の違いを見つけられる（五角形と六角形の違いなど）
		経験したことを絵に描くことができる（絵日記など）
		２つの物の性質の違いを説明できる（卵と石、木とガラスの板など）

お子様氏名

生年月日　　　年　　月　　日

記入者

記入日　　　年　　月　　日

△印	○印	身体面の検査項目1
		腹這いにしたとき、少しアゴを上げる
		腹這いにしたとき、頭・肩を上げる
		腹這いにしたとき、頭を45度くらい上げる
		腹這いにしたとき、手足をバタバタと動かす
		両足を支えると、足を突っ張って立つ
		仰向けから横に転がる
		仰向けから腹這いに、腹這いから仰向けに寝返りできる
		一人でお座りがしっかりできる
		物に掴まって立っていることができる
		ハイハイで前進ができる
		つたい歩きをすることができる
		手押し車を押して歩くことができる
		高這い(膝をつけずにハイハイ)ができる
		２～３歩、歩くことができる
		安定して一人歩きができる
		しゃがんで床にある物を拾うことができる
		後ずさりすることができる
		速く歩くことができる
		手を支えると、段差のあるところを跨ぐことができる
		高さ20センチ位の台から飛び降りることができる
		手すりに掴まって階段を上り下りすることができる
		体を支えると、ボールを蹴ることができる
		「こっちに来て」と強く引っ張る力がある
		短い距離なら、しっかり走ることができる

△印	○印	身体面の検査項目2
		つま先立ちで2～3歩、歩くことができる
		横転(横にゴロゴロと転がる)ができる
		その場で1～2回ピョンピョン跳ぶことができる
		両腕を広げて真っ直ぐ歩くことができる
		ボールを転がして、目標物に当てることができる
		補助をすると、前転(でんぐり返し)ができる
		足を交互に出して階段を上ることができる
		イス(子ども用)などを持って歩くことができる
		ボールを足で蹴ることができる
		低いところを前かがみになってくぐることができる
		三輪車を自由に走らせることができる
		ジャングルジムに登ることができる
		どちらの足でも片足跳び(ケンケン)ができる
		馬とびの跳び方で台を跳び越すことができる
		水の入ったコップを持って、5メートル位こぼさずに歩くことができる
		45センチ位の高さから飛び降りることができる
		一人でブランコに座ってこぐことができる
		長縄跳びを1回跳ぶことができる
		片足で5秒位立つことができる(両足とも)
		ジャングルジムから降りることができる
		一人で前転が1回できる
		1.5メートル位離れた所から投げたボールを受け取ることができる
		縄跳びを一人で1～2回跳ぶことができる
		鉄棒で前回りができる

△印	○印	身体面の検査項目３
		棒のぼりの棒に５秒位、掴まっていることができる
		野球のボールを２～４メートル投げることができる
		前後左右に跳んで移動できる
		20センチの高さのゴムひもを跳び越える
		ブランコを立ち乗りで、こぐことができる
		立ち幅跳びで70～80センチ跳ぶ
		ボールをつくこと（ドリブル）が２回以上連続してできる
		スキップができる
		縄跳びが２回以上連続してできる
		前屈をして、膝を曲げずに足首に触れることができる
		足を押さえると、腹筋の運動ができる
		少し長い距離でも走れる（マラソンができる）
		ボールを投げたり受けたりすることができる
		しゃがんで足首を掴み、アヒルさん歩きが1メートルくらいできる
		足を押さえると、背筋の運動ができる
		片足で10秒位立っていることができる（両足とも）
		前転が２回以上連続してできる
		円の周りをスキップして回ることができる
		棒のぼりが途中くらいまでできる
		40センチの高さのゴム紐を飛び越えられる
		補助をするとブリッジができる
		リズムに合わせて身体を動かすことができる（ラジオ体操など）
		縄跳びが10回以上連続してできる
		鉄棒で逆上がりができる

スケジュール管理表

チェックした日	社会面		言語面		知覚面		身体面	
	△の数	○の数	△の数	○の数	△の数	○の数	△の数	○の数
初めてチェックした結果								
/　/								
2回目以降チェック(以下は△、○それぞれの増加数を記入する)								
/　/								
/　/								
/　/								
/　/								
/　/								
/　/								
/　/								
/　/								
/　/								
/　/								
/　/								
/　/								
/　/								
/　/								
/　/								
/　/								
/　/								
/　/								
/　/								
/　/								
/　/								
/　/								

記入の方法

①各分野の項目には、出産時からの月齢に合わせて、期待される発達内容が並んでいます。もう少しでできそうな項目には△印を、8割以上の確率でできる項目には○印をつけます。できないことをチェックしたり、×印をつけたりする欄はありません。

②前半部分の項目のうち、つかまり立ちやハイハイなど、現在の子どもの月齢では、やらなくなった項目もあるかもしれません。しかし、過去を振り返ってできていたことがあれば、○印をつけてください。

③お子さんがまだ小さい場合、後半部分の項目はもう少し後にならなければできるようにならないだろう、という項目が増えてきます。けれども、最後の項目まで必ず全項目をチェックして、該当するものがあれば○印や△印をつけてください。

この作業を行なっていると、これまで何もできていないと思い込んでいたのに、じつは「こんなにできていることがあったんだ」と気づかれる親御さんが多いのです。それによって、その子の脳の発達特性が見えてきます。

データ化する方法

ⓐ「成長発達指数（DQ値）」、「発達潜在指数（PQ値）」、「発達目標指数（TQ値）」を出す手順

①ＥＥＳ発達検査表の社会面、言語面、知覚面、身体面に記入されている○印と△印を数え、それぞれの合計数を出す。

各面の○印の合計数は現在の基礎能力の到達度を示し、△印の合計数は伸びる可能性（伸びしろ）を示す。

例社会面の○印が31個、社会面の△印が12個の場合は、社会面の現在の到達度は31で、伸びしろは12となる。

②○印の平均値を出す。

四つの分野の○印の合計数÷４＝全体の平均値

ただし、小数点4位以下は切り捨てる。

例社会面31、言語面28、知覚面36、身体面33の場合

31＋28＋36＋33＝128　128÷4＝32　全体の平均値＝32

③②の平均値を実月齢（＝実年齢）で割り、100をかけて%を出す。これが「**成長発達指数（DQ値）**」である。ただし、小数点4位以下は切り捨てる。

成長発達指数が100%になれば、EES発達検査表にある基礎能力は年齢相応に身についていることになる。

例実年齢が5歳10カ月（＝実月齢が70カ月）の子どもで、○印の全体の平均値が32の場合は

32÷70＝0・45714で、4位以下を切り捨てると0・457となり、

0・457×100＝45・7%　成長発達指数＝45・7%

となる。約45・7%まで基礎能力が身についてきていることになる。

④次に△印の全体の平均値を出す。

△印の全体の平均値＝四つの分野の△印の合計数÷4

ただし、小数点4位以下は切り捨てる。

例社会面12、言語面17、知覚面13、身体面19の場合

12＋17＋13＋19＝61　61÷4＝15・250　**全体の平均値＝15・2**

⑤④の平均値を実月齢（＝実年齢）で割り、100をかけて％を出す。この数値が**「発達潜在指数（PQ値）」**となる。ただし、小数点4位以下は切り捨てる。

例実年齢が5歳10カ月（＝実月齢が70カ月）の子どもで、△印の全体の平均値が15・250の場合は

15・250÷70＝0・21785で、小数点4位以下を切り捨てるため0・217となり、

0・217×100＝21・7％　**発達潜在指数＝21・7％**

となる。○印が付くまでには到っていないが、もう少しで○印になる可能性

のある基礎能力が全体の21・7%あることになる。

⑥③の成長発達指数と⑤の発達潜在指数を足すと、両者を含めた数値を得ることができる。この数値（発達目標指数）は、直近で伸びる可能性を含めた成長発達状態を表わしている。

例 成長発達指数が45・7%で、発達潜在指数が21・7%の場合
45・7＋21・7＝67・4%

直近で伸びる可能性を含めた発達目標指数＝67・4%

読者の皆さんは、①から⑥までの数値を出したあと、213頁にあるデータ記入表をコピーし、そこに一連の数値を記入してください。定期的に記入していきますと、子どもの変化が数字の上にもはっきり表われていることを確認できます。

データ記入表

		/	/	/	/	/	/	/	/	/	/	/	/
社会面	○印の合計数												
	△印の合計数												
言語面	○印の合計数												
	△印の合計数												
知覚面	○印の合計数												
	△印の合計数												
身体面	○印の合計数												
	△印の合計数												
○印の合計数													
○印の平均値													
成長発達指数													
△印の合計数													
△印の平均値													
発達潜在指数													
発達目標指数													

	0	3	6	9	12	15	18	21	24	27	30	33	36	39	42	45	48	51	54	57	60	63	66	69	72
社会面の発達																									
言語面の発達																									
知覚面の発達																									
身体面の発達																									

(b)成長発達度合いが一目でわかるグラフ作り

①ＥＥＳ発達検査表のデータ記入表にある社会面、言語面、知覚面、身体面それぞれの○印の数と、「○印＋△印」の数を利用する。

例社会面の○印が31個で、社会面の△印が12個の場合

○印＋△印：31＋12＝43

②214頁にある記入用のグラフをコピーし、見本のグラフ（次頁のＴくんのグラフ）を参考にしながら、①の○印の数と、「○印＋△印」の数に該当するグラフ上の箇所に点を付ける。点は各面のタテ線の中央に付ける。この作業を各面について行なう。

その作業が終わったならば、各面の○印の数に該当するグラフ上の四つの点を実線で、「○印＋△印」の数に該当するグラフ上の四つの点を点線でつなげる（たいていは折れ線になる）。

このグラフ化の作業を定期的にくり返していくと、グラフ上の折れ線の変化を見るだけで、社会面、言語面、知覚面、身体面がどのように発達しているか

Tくんのグラフ

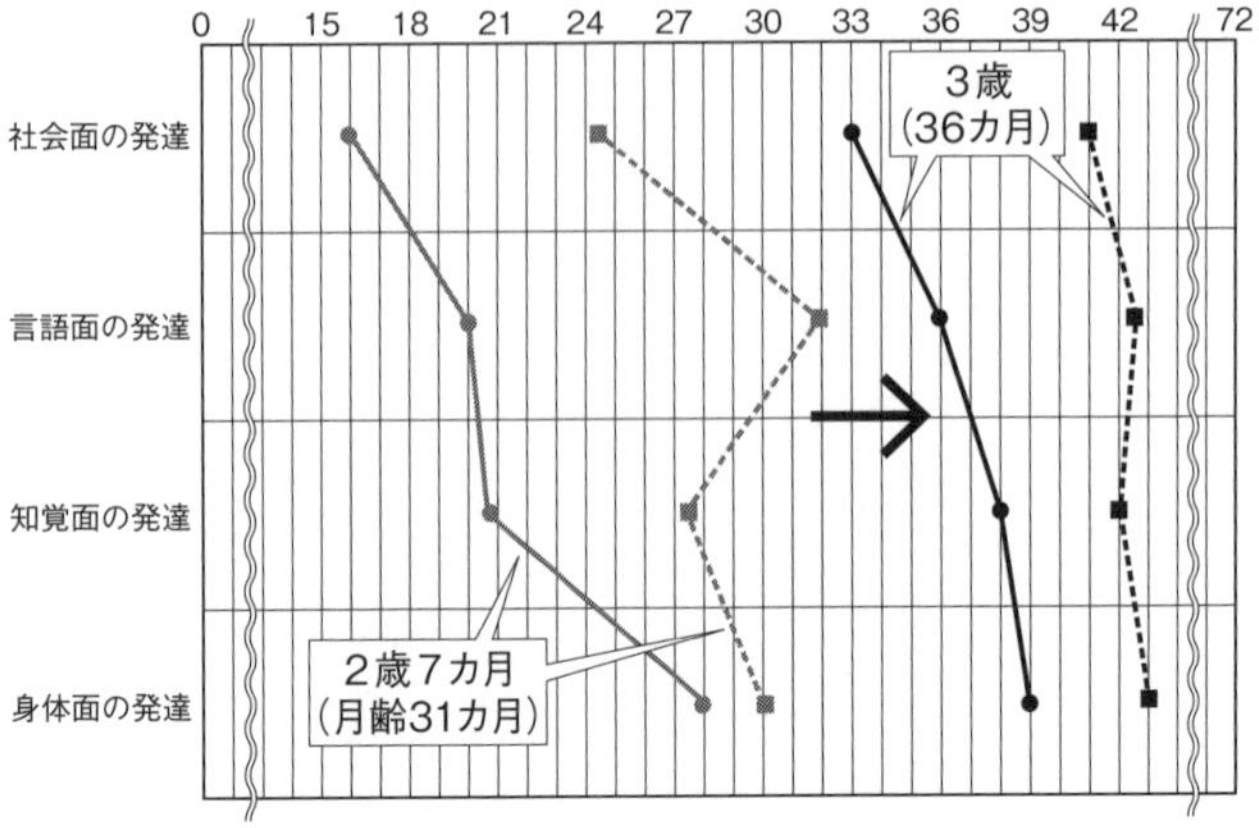

実線は、発達検査表の「○」の合計数を結んだもの。
点線は、発達検査表の「○」と「△」の合計数を結んだもの。

が一目でわかる。

同時期の○印の折れ線と「○印＋△印」の折れ線がつくるゾーンは、直近での成長発達の可能性を示している。より広いほうが子どもの伸びしろが大きく、改善のスピードが速くなり、成長発達の確実性が高まることを示している。△印の付いた時点から○印が付くまでの期間が短くなるからである。

こうしたことを視覚的に読み取れるのが、このグラフの特徴である。

③記入するごとに折れ線の色を変えると、さらに変化を視覚的に確認しやすくなる。

コラム

発達検査表がアプリになります！

２０２０年４月、スマホ用のアプリ版発達検査表のテスト版がリリースされました。

このアプリ版は、５７６項目を掲載したフルバージョンで、３６５日24時間、利用可能になります。

◎アプリ版９つの特色

❶５７６のフルバージョンの検査項目がチェックできます

本書におさめたのは２８８項目に厳選した普及版ですが、フルバージョンの項目でチェックを行なうと、よりきめ細やかにわが子の発達をチェックできるようになります。

❷知りたい年齢ゾーンの検査項目を一覧表示

画面の背景には、「社会面」「言語面」「知覚面」「身体面」の４分野のデータが、６カ月単位でマトリックス表示されています。知りたい年齢ゾーンをタップすれば、その年齢の検査項目が一覧表示されます。

3 チェックはボタンをタップするだけ

○印や△印を記したいときは、検査項目の横のボックスをタップするだけ。空白→△→○の順に表示が変わります。簡単な操作なので、お子さんと一緒にチェックするのもよいですね！

4 わが子のデータが一覧表示で確認できる

○印や△印を入力後、確定ボタンを押します。数値が確定して、スコアを一覧表示で確認できます。発達指数を表わすＤＱ値も、発達潜在指数を表わすＰＱ値も、当面の目標水準を示す発達目標指数を表わすＴＱ値も面倒な計算なしで把握できるので、忙しいお母さんにはぴったりです。

5 一瞬で入力結果がグラフとして表示

わが子の発達が一目でわかるグラフ化も、入力確定後に一瞬で反映されます。○印は実線、△印は点線で表示され、伸びしろがゾーンで表示されます。

わが子の発達状況と直近で伸ばせる可能性が、一瞬の操作で視覚的に実感できます。

❻取り組むべき項目（△）を一覧表示

もう少しで○印がつきそうな△印に集中して取り組めるように、月齢が若い項目から順に一覧表示します。このなかからできそうな項目を選んで取り組むと、成長が感じやすくなります。

❼576全項目に○印をつけるためのアドバイスが！

取り組みに悩んだときは、△印の検査項目をタップすると、△印から○印へ伸ばすためのアドバイスが表示されます。アドバイスに従ってもうまくいかない場合は、まだそのときではないということです。時間とエネルギーのムダを省くために、別の項目にチェンジして取り組みましょう。

❽わが子の伸び率をはっきり表示

確定ボタンを2回押すだけで、その期間の変化がグラフで可視化されます。くわえて、実数と%でも一覧表示。目で見て、数字でわが子の伸び率が把握できるので、取り組み効率が最大化します。

9 時系列的に成長を確認できる

1回目のデータは固定表示されるので、開始時と直近の成長を一目で比較できます。これによって、取り組み効果を時系列的に確認でき、成長を実感しながら、わが子の未来に希望をもつことができます。

※本アプリは現在、EES協会のA・B会員向けに無料モニタリングを実施中です。くわしくは、下記の二次元コードからスマートフォンでアクセスして情報をご確認ください。正式利用者は、最初の2週間は無料で利用できる予定です。

スモールステップで壁を超える

発達検査表は子どもの発達状態の確認に利用するだけでなく、お母さんが自らの意識を変えるのにも役立ちます。ほかの子どもと比較して、できないことにばかりとらわれていたお母さんにも、意識を変えるきっかけを与えてくれます。

お母さんの意識が変わると、あれもできない、これもダメだと心配ばかりしているうちに、見えなくなっていたことがたくさんあることに気づきます。

「なんだ、これは本当は○印だったんだ」「ここは△印だけど、もう少し伸ばせば○印になりそう」とプラスに考えられるようになり、それにはどんな働きかけをすればいいのかもわかってきます。

その一つひとつはスモールステップですが、毎日積み重ねていると、子どもの基礎能力が着実に伸びていきます。空欄がどんどん埋まっていくことが、子どもの成長を示すのです。

それまで子どもの発達状態が不安で苦しんできた親御さんにも、じつは自分たちが気づかなかっただけで、子どもには自ら発達する素晴らしい能力が備わっていることを学んだという方がたくさんいます。

実際に△印が○印になる項目が増えていくと、子どもの成長に希望が湧いてきて、もっと可能性を見つめて子どもと向き合おうと思えるようになります。そうして親子関係がプラスのサイクルで回転しはじめるのです。

発達検査表の項目の中には、難しくてなかなか△印がつかない項目もあります。こうした項目に△印をつけるコツは、その子に合わせて細かいステップに分解して取り組むことです。スモールステップで継続してトライしていけば、どんな項目でもやがては△印になり○印になります。スモールステップをクリアするたびに自信がついて、失敗を恐れる気持ちが小さくなっていきます。

子どもの成長とは、一つひとつのステップの積み重ねです。どんなに育てにくいと親が感じている子どもでも、その子に合ったスモールステップの積み重ねで成長していくことができるのです。

〝バカ親〟ではなく〝親バカ〟になる

本書では何度もくり返しお伝えしてきたことですが、最後にもう一度お話しをして締めくくりたいと思います。

お母さんは、親バカになって、ひいきめで、わが子の発達をチェックしてください。厳しく判定しないで、ちょっとくらいあやしくても「できた、できた！」と喜んで、△印をドンドンつけてください。

そして、△印がついたら

「こんなことができるようになったね！　すごいね！」

と、子どもをたっぷりとほめてください。たくさんほめることで、子どものヤル気がふくらみ、すぐに〇印がつくようになります。

不安に心が占領されないためには、「この子には伸びる可能性がある！」「この子の可能性は無限大！」「この子は天才の卵だ！」と信じきって発達検査表を使うことが大事です。

親バカになって取り組んでいると、思ったよりも、ずっと多くの△印や〇印がつきます。だから、たくさんほめたくなります。たくさんほめると、お母さんも子どもも笑顔になります。すると、ますます子どもの脳の発達が加速され、良い連鎖が出来上がっていきます。

まちがいだらけの子育て
どんな子も脳の「発達特性」に合わせるだけで
グーンと伸びる

2020年5月7日　第1刷発行
2020年7月7日　第2刷発行

著　者――鈴木昭平・篠浦伸禎

発行人――山崎 優

発行所――コスモ21
〒171-0021　東京都豊島区西池袋2-39-6-8F
☎03(3988)3911
FAX03(3988)7062
URL http://www.cos21.com/

印刷・製本――中央精版印刷株式会社

ISBN978-4-87795-388-1 C0030